ars vivendi

Karpfen, Kräuter, Kren und Kirschen

Ein fränkisches Kochbuch

ars vivendi

Bildnachweis:

Cover: istockphoto: nicoolay, wwing, bukhavets, KeithBishop, ElaKwasniewski
Innenteil: fotolia: Anja Kaiser; istockphoto: 54media, bukhavets, denisk0, greenga, Kalistratova, KeithBishop, la_puma, Natouche, nicoolay, Olya_Nikiparonak, RiSem, S-E-R-G-O, Shlapak_Liliya

Originalausgabe
1. Auflage Oktober 2013

www.arsvivendi.com

Redaktion: Karin Jungkunz, Evi Derrer
Essays: Jutta Untheim
Rezepte: Rosemarie Brehm, Evi Derrer, Petra Eckert, Agnes Eger, Marion Gemmel, Pia Geyer, Irene Hertlein, Mina Mader, Monika Maid, Marga Schmitt, Andrea Willner
Lektorat: Stefanie Winter
Umschlaggestaltung: Sandra Frick, www.lomyli-design.de
Innengestaltung: Sandra Frick, Fürth
Druck: Stürtz GmbH, Würzburg
Printed in Germany

ISBN 978-3-86913-281-5

Inhaltsverzeichnis

Karpfen –

Fantasievoll variierter FRANKO-Klassiker

Geliebter Karpfen, rund und rösch

Da kommt er. Endlich! Der erste Karpfen der Saison! Frisch gebacken, schön braun und rösch, im Bauch das weiß-rote Fähnchen. Aha, der Preis ist gleich, aber die Größe? Scheint irgendwie kleiner als im letzten Jahr … Egal, mein Karpfen sieht gut aus, riecht gut und – auaaah, die knusprigen Flossen sind fast zu heiß zum Anfassen. Freilich ein Muss. Also mit spitzen Fingern abreißen, anbeißen und die zerbrechlichen Knöchelchen auf der Zunge zergehen lassen. Mmmhh. Genauso hatte ich mir das vorgestellt.

Dann gleich weiter. Mit Fischmesser und Gabel schnell ein Stück Bauchdecke abgehoben. Gigantisch die Dampfwolke, die entweicht. Heiß. Unter der blasig panierten Haut schimmert es bläulich und dunkelbeige, darunter weiß. Das Fleisch. Gierig ein Stück vom unteren Rand der Mitte aufgegabelt, ungeduldig angepustet, dann auf die Zunge damit. Weich und doch fest, aromatisch und dabei wunderbar rund kommt er daher, der erste Bissen. Mit der Zunge abgetastet, gegen den Gaumen gedrückt, zerdrückt und hinuntergeschluckt. Köstlich! Genauso soll es sein.

Und weiter treibt die Gier, zuallererst zum dicken Teil des Karpfenbauchs, gleich neben Kopf und Kiemen. Das nenne ich strategisch essen, denn hier findet sich das meiste delikat gegarte Fleisch, wird man am ehesten satt. Diese Region bietet kaum Hindernisse, doch zum Ende hin wird es dünner und grätiger. Wer in der Mitte isst, gewinnt schon mal etwas Ruhe und Geduld für das zeitaufwendige Aussortieren der kleinen weißen Gräten in Richtung Schwanz. Wie vermutlich etliche Generationen vor uns haben wir lange auf diesen Moment gewartet. September. Der erste von acht genussreichen Monaten mit »r« – und mit vielen künftigen Karpfen. Allesamt aus dem Aischgrund, der Heimat des traditionsreichen Spiegelkarpfens, so wie man ihn hierzulande seit dem Mittelalter kennt und schätzt.

Weltweit gehört der Karpfen zu den beliebtesten Speisefischen mit einer Ahnengalerie von Jahrmillionen. In Asien wird er seit Tausenden von Jahren gegessen und steht dort symbolisch für Reichtum und Macht. Die alten Römer sprachen ihm ebenfalls gern zu und verbreiteten ihn im ganzen Imperium. Als ihn schließlich die christlichen Klosterbrüder entdeckten, taten sie das Ihre, ihn bei uns heimisch zu machen, und förderten nach Kräften des Karpfens Gedeihen in ihren Weihern und Becken.

Am liebsten mag er es stehend, süß und warm. Aber im Prinzip stellt er keine großen Ansprüche und ist ausnehmend anpassungsfähig. An fließendes, an brackiges und sogar salziges Wasser. Die sibirischen Flüsse Amur und Darja bevölkert er ebenso wie das Kaspische Meer und sogar Bereiche der Ostsee mit bis zu zehn Prozent Salzgehalt.
Ein erstaunlich robustes Tier also, das wir da vor uns auf dem Teller haben. Und dabei so gesund: Sein Verzehr liefert uns hochwertige Proteine, Vitamine, Mineralien und Omega-3-Fettsäuren. Sonderlich fett ist er auch nicht. Mal abgesehen von der Panade eigentlich ein richtiges Diät-Highlight. Gut für uns und gut für ihn, dass er gerade in unserer Gegend so prächtig gedeiht.

Wen wundert's, als Karpfen lebt man im fränkischen Wellness-Pool wie im Märchenland. Brodelwarm werden die flachen Weiher im Sommer: nahezu 30 °C. Man muss nur mit den Lippen durch den Boden pflügen, dann fliegen einem die besten Würmer und Molche, Schnecken und Larven nur so ins Maul. Schon als ganz kleines Karpfenbaby wird man verwöhnt. Nahrhaftes Plankton satt: Slow Food als Basis für Wachstum und Leistungskraft.

Eigentlich könnte so ein Karpfen gut und gern 60 Jahre alt werden und es auf mehr als einen Meter Länge und 35 kg Gewicht bringen. Doch so weit kommt es nicht. Sowie der Karpfen nach drei Jahren etwa 40 cm lang ist und drei Pfund auf den Gräten hat, wird er geerntet. Gemeinerweise lassen die Teichwirte dazu das Wasser ab und es gibt kein Entkommen. Die zappelnden Fische landen im Netz und fangfrisch am Ort ihrer Bestimmung.

>>>

Weich und doch fest,
aromatisch und
dabei wunderbar
rund kommt er daher,
der erste Bissen.
Mit der Zunge
abgetastet, gegen den
Gaumen gedrückt,
zerdrückt und
hinuntergeschluckt.
Köstlich!
Genau so soll es sein.

Geliebter Karpfen, rund und rösch

>>>

Wenn er dann heiß dampfend und herrlich duftend vor uns liegt, macht der Karpfen in liebevoller Garnitur eine gute Figur. Appetitlich üppig. Das haben wir dem Ehrgeiz mittelalterlicher Mönche zu verdanken. Sie wollten in der Fastenzeit einen möglichst magen- und tellerfüllenden Fisch auf dem Tisch. Folglich züchteten sie ihm die unpraktischen Schuppen weitgehend ab und eine gedrungene Körperform mit hohem Rücken an. Sie schufen den typischen Aischgründer Spiegelkarpfen mit einem Höhen-/Längenverhältnis von 1:2. Das Verhältnis von 1:2,3 gilt heutigen Züchtern als anzustrebendes Gardemaß.

Sie und natürlich auch wir als Genießer profitieren noch heute von der Findigkeit und dem Fleiß dieser Mönche. Im ausgehenden Mittelalter legten sie die kleinteilige Weiherlandschaft zwischen Bamberg, Neustadt a. d. Aisch und Erlangen an. Heute reifen in beinahe 7200 Teichen im Aischgrund rund um Höchstadt a. d. Aisch Jahr für Jahr 1500–2000 t Karpfen. Das ist eine ganze Menge und fast ein Sechstel der gesamten deutschen Karpfenproduktion.

Warum gerade hier? Für die Landwirtschaft ist der Boden nur bedingt geeignet, denn er besteht weitgehend aus Keupertonen. Die machen das Beackern zäh, mancherorts wegen des hohen Grundwasserpegels sogar unmöglich. Aber sie bilden eine solide, wasserundurchlässige Basis für Weiher. Ein schichtenweiser Ton- und Sandsteinmix, der das kostbare Nass entweder zurückhält oder durchlässt, viele Quellen und dazu eine Landschaft mit sehr, sehr sanften Hügeln. Ideal, um hier Teiche anzulegen und sie treppenförmig hintereinanderzuschalten. Diese Weiherketten bewähren sich wegen der Wasserökonomie: Wenn ein Weiher zur Ernte abgelassen wird, geht das Wasser nicht verloren, sondern sammelt sich einfach eine Etage tiefer.

Während die Niederschlagsmenge immer zu wünschen übrig lässt, liegt die Temperatur im Jahresschnitt bei 8–10 °C. Das macht den Aischgrund zu einem der wärmsten Teichgebiete Deutschlands – und zum Wohlfühlbecken für die vielen guten Karpfen.

Die Plackerei lohnte sich zu allen Zeiten. Im Mittelalter war Fisch sogar noch teurer als Fleisch. Nicht nur den Geistlichen mundete der Karpfen – die weltlichen Fürsten und Vornehmen kamen allmählich ebenso auf den Geschmack wie irgendwann auch das einfache Volk. In der Stadt und auf dem Land gönnte man sich diesen Gaumenschmaus tagein, tagaus. Ja tatsächlich, schon morgens nahmen so renommierte Genießer wie Dichterfürst Goethe die Delikatesse per Gabelfrühstück zu sich. Obwohl er bereits am Vorabend einen Karpfen verspeist hatte.
Man kann aber auch wirklich nicht genug davon kriegen. Und dabei aus einer Fülle an Form und Zubereitung schöpfen. Man kriegt ihn mit und ohne Ingreisch, ganz oder halb, als Filet oder Fond. Es gibt ihn gedünstet, geräuchert, gegart, in diversen Teigsorten gebacken, mit allerlei überbacken und dann noch als Suppe, Salat, Küchle oder Creme. Alles Karpfen. *Jutta Untheim*

Weltweit gehört der Karpfen zu den beliebtesten Speisefischen mit einer Ahnengalerie von Jahrmillionen.

Karpfenfond

ZUTATEN:

1 kg Karpfenkarkassen oder -köpfe (ohne Kiemen)
60 g Butter
2 Zwiebeln oder 4 Schalotten
2 Stangen Lauch
1 kleine Fenchelknolle
2 Petersilienwurzeln
1 mittelgroße Sellerieknolle
2 l Wasser, kalt
500 ml trockener Weißwein, kalt
2 Lorbeerblätter
2 Zweige Thymian
1 TL weiße Pfefferkörner
1–2 Eiweiß

Die Karkassen grob zerkleinern, alle Fischteile sorgfältig unter fließendem, kaltem Wasser waschen, bis es klar bleibt, und abtropfen lassen.
Die Butter in einem breiten, großen Topf zerlassen. Die Karkassen bzw. die Köpfe bei niedriger Hitze 3–4 Minuten darin andünsten und dabei öfters wenden, sodass sie keine Farbe annehmen.
Das Gemüse je nach Bedarf waschen, putzen und schälen. Dann in Stücke schneiden, vom Lauch nur die weißen und gelben Bestandteile verwenden. Das Gemüse nun zu den Karpfenkarkassen bzw. -köpfen geben und wenige Minuten mitdünsten.
Danach die Mischung mit dem Wasser sowie dem Weißwein aufgießen und langsam zum Kochen bringen. Die Lorbeerblätter, den gewaschenen Thymian und die Pfefferkörner hinzufügen.
Nach dem Aufkochen das geronnene Eiweiß mit der Schaumkelle abschöpfen und den Fond 25–30 Minuten bei niedriger Temperatur köcheln lassen. Schließlich durch ein Spitzsieb mit einem Filtertuch in einen Topf laufen lassen.

***Tipp:** In der guten Fischküche ist der Fond unentbehrlich. Er wird als Grundlage für Fischsoßen, -suppen oder zum Pochieren von Karpfenstücken oder -filet verwendet. Am besten bereiten Sie den Fischfond dann zu, wenn Sie eine oder mehrere frische Karpfenkarkassen bzw. -köpfe zur Hand haben. Er lässt sich sehr gut 3–4 Monate tiefgefroren aufbewahren. Den Fond kann man auch auf die Hälfte bis auf ein Viertel der ursprünglichen Menge einkochen.*

Klarer Fischfond

Das Gemüse je nach Bedarf waschen, putzen und schälen. Danach klein schneiden und mit der gewaschenen Petersilie, dem Lorbeerblatt und den Wacholderbeeren in eine Schüssel geben.
Das Karpfenfilet durch den Fleischwolf drehen und mit dem Eiweiß zum Gemüse geben. Gut verrühren, bis das Eiweiß etwas Schaum bildet. Diesen dann abschöpfen.
Das Gemisch in einen kalten Topf geben, den kalten Fischfond hinzugießen, durchrühren und etwa 10 Minuten stehen lassen. Nun langsam unter Umrühren zum Kochen bringen. Sobald die Mischung kocht, nicht mehr rühren und etwa 5 Minuten bei niedriger Temperatur köcheln lassen.
Den Fond durch ein Spitzsieb mit einem Filtertuch in einen Topf laufen lassen; dabei den Siebinhalt nicht ausdrücken, weil der Fond sonst wieder trüb wird.

FÜR 4 PERSONEN:
50 g Zwiebeln
50 g Karotten
50 g Lauch
50 g Knollen- oder Stangensellerie
2 Zweige Petersilie
1 kleines Lorbeerblatt
3 Wacholderbeeren
200 g Karpfenfilet
4 Eiweiß

***Tipp:** Den klaren Fond verwendet man, wenn der Karpfenfond für bestimmte Zubereitungsarten zu trüb ist, z. B. für eine klare Karpfensuppe.*

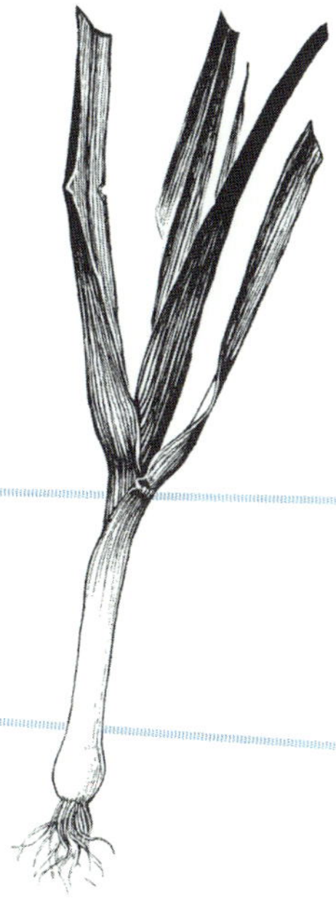

Fischsud

FÜR 4 PERSONEN:
Kopf, Flossen und Wirbelsäule von 2 Karpfen (à 1,2–1,5 kg)
1 Bund Suppengrün
1 Lorbeerblatt
2 TL Dillspitzen
6 Wacholderbeeren
Salz, reichlich
1 Schuss Weißwein
2 l Wasser

Die Fischteile und das Suppengrün in einen Topf geben. Die Kräuter, die Gewürze und den Weißwein hinzufügen. Das Ganze mit dem Wasser aufgießen.
Nun den Sud aufkochen, anschließend durch ein Sieb mit einem ausgelegten Filtertuch in einen Topf laufen lassen. Den jeweiligen Fisch 10 Minuten darin ziehen lassen.

Fischsud mit Weinessig

Die Petersilienwurzel, den Sellerie, den Lauch und die Karotte(n) waschen bzw. putzen, den Sellerie und die Zwiebel(n) schälen.
Das Gemüse klein schneiden und in einen Topf geben. Die Gewürze und die gewaschenen Kräuter hinzufügen. Mit dem Wasser und dem Essig aufgießen. Zuletzt den Sud aufkochen, durch ein Sieb mit einem ausgelegten Filtertuch in einen Topf laufen lassen. Den jeweiligen Fisch darin ziehen lassen.

ZUTATEN:

1 Petersilienwurzel
½ Knollensellerie
1 Stange Lauch
1-2 Karotten
1-2 Zwiebeln
2-3 EL Salz
1-3 TL Zucker
2-3 Nelken
5-15 weiße Pfefferkörner
5-10 Wacholderbeeren
2-4 Lorbeerblätter
1 Zweig Petersilie
3 l Wasser
250-500 ml feiner Weinessig

Fischsud mit Weinessig und Weißwein

ZUTATEN:

1 Petersilienwurzel
1 Stange Lauch
1 Karotte
1 Zwiebel
2–3 EL Salz
15 weiße Pfefferkörner
3 Wacholderbeeren
1–2 Lorbeerblätter
1 Zweig Petersilie
1 Zweig Thymian
3 l Wasser
250 ml feiner Weinessig
250–500 ml trockener Weißwein

Die Petersilienwurzel, den Lauch und die Karotte waschen bzw. putzen, die Zwiebel schälen.
Das Gemüse klein schneiden und in einen Topf geben. Die Gewürze und die gewaschenen Kräuter hinzufügen. Mit dem Wasser, dem Essig und dem Weißwein aufgießen. Im Anschluss den Sud aufkochen, durch ein Sieb mit einem ausgelegten Filtertuch in einen Topf laufen lassen. Den jeweiligen Fisch darin garen.

Polnische Soße

Die geschälte Zwiebel fein schneiden. Den Soßenlebkuchen im Bier bzw. Malzbier einweichen.

Den Zucker im heißen Öl hellgelb rösten. Dann das Mehl dazugeben und rösten, bis es eine goldgelbe Farbe angenommen hat. Die Zwiebel hinzufügen und mitrösten, bis das Mehl goldbraun geworden ist. Mit dem Fond bzw. dem Sud ablöschen. Eventuell mit einem Lorbeerblatt und Wacholderbeeren würzen. Anschließend den eingeweichten Soßenlebkuchen zusammen mit dem Bier hinzufügen und etwa 10–15 Minuten bei schwacher Hitze kochen lassen, bis die Soße sämig geworden ist.

Im Anschluss die Soße durch ein Sieb streichen. Nach Belieben das mit Essig abgerührte Karpfenblut, gebrühte Rosinen und etwas Rotwein untermischen. Die Soße mit Salz und Zucker abschmecken. Am Ende nicht mehr kochen lassen.

FÜR 4–6 PERSONEN:

½ Zwiebel
30 g Soßenlebkuchen
125 ml dunkles Bier oder Malzbier
10 g Zucker + Zucker zum Abschmecken
30 g feines Pflanzenöl
20 g Mehl
500 ml Karpfenfond oder Sud vom Pochieren (s. S. 18, 20)
Salz

Nach Belieben:
Wacholderbeeren
mit etwas Essig abgerührtes Karpfenblut
40 g Rosinen
Rotwein
Lorbeerblatt

Tipp:

Die polnische Soße serviert man z. B. zum pochierten Karpfen (s. S. 54) mit Kartoffelknödel.

Kapernsoße

FÜR 4–6 PERSONEN:
250 ml Karpfenfond oder Sud vom Pochieren (s. S. 18, 20, 54), kalt oder lauwarm
40 g Butter
1 EL Mehl
1 EL Kapern
Salz
Zucker
3 EL Sahne
1 Eigelb

Den Karpfenfond bzw. den Sud durch ein Sieb gießen. Die Butter in einem Topf zerlassen. Das Mehl hinzufügen und unter Umrühren rösten, bis es eine hellgelbe Farbe angenommen hat. Nach und nach den Fond bzw. den Sud unter Rühren hinzugießen und aufkochen lassen. Nun die Kapern beimengen, die Soße mit Salz und Zucker abschmecken.
Die Sahne mit dem Eigelb verrühren. Den Topf vom Herd nehmen und die Soße etwas abkühlen lassen. Zuletzt die Sahne-Ei-Mischung unterheben.

Tipp:
Die Kapernsoße reicht man z. B. zum pochierten Karpfen (s. S. 54) mit Salzkartoffeln, Kartoffelpüree oder Nudeln. Menge einkochen.

Fischklößchensuppe

Für die Bällchen zunächst die Kräuter waschen, je nach Bedarf die Blätter abzupfen oder abstreifen und fein hacken. Dann mit dem Fisch, den Semmelbröseln und dem Ei vermischen. Außerdem die Butter, Salz und Pfeffer hinzugeben. Aus der Masse kleine Bällchen formen. Einen Sud zubereiten (s. S. 20). Die Klößchen im abgeseihten Sud etwa 10 Minuten garen lassen.

Tipp: *Sie können zusätzlich noch fein gehackte, rohe oder glasig geröstete Zwiebeln in die Klößchenmasse geben. Außerdem verstärkt ½ TL Sardellenpaste den sehr schwachen Fischgeschmack.*

FÜR 4–6 PERSONEN:

Für die Klößchen:
Petersilie
Schnittlauch
Dillspitzen
Rosmarin
Thymian
grätenreiche Rückenmuskeln oder ganze Filetstücke von 2 Karpfen (à 1,2–1,5 kg)
60 g Semmelbrösel
1 Ei, verquirlt
2 EL Butter, am besten flüssig
Salz
Pfeffer

Für den Sud: s. S. 20

Klare Karpfensuppe

FÜR 4–6 PERSONEN:
150 g Blumenkohl
150 g Karotten
100 g Knollen- oder Stangensellerie
150 g Erbsen, frisch oder tiefgefroren
½ Zwiebel oder 2 Schalotten
Salz
Wasser
30 g Butter
1 l Karpfenfond (s. S. 18)
500 g Karpfenfilet, eingeschnitten
Saft von ½ Zitrone
1-2 EL Dill oder Petersilie, fein gehackt
Pfeffer aus der Mühle

Das Gemüse je nach Bedarf waschen, putzen und schälen. Den Blumenkohl in kleine Röschen teilen, in Salzwasser 8–10 Minuten vorkochen, abgießen. Die Karotten und den Sellerie in feine Stifte oder Streifen schneiden. Frische Erbsen aus den Schoten streifen. Die Zwiebel bzw. die Schalotten fein schneiden.
Die Butter in einem ausreichend großen Topf zerlassen. Die Zwiebel bzw. die Schalotten darin andünsten, das andere Gemüse dazugeben und 2–3 Minuten unter Rühren dünsten. Den Karpfenfond hinzufügen und die Suppe zum Kochen bringen.
Das Karpfenfilet in Würfel schneiden und in die Suppe einlegen. Bei schwacher Hitze 5 Minuten ziehen, aber nicht kochen lassen. Den Zitronensaft, den Dill bzw. die Petersilie dazugeben, eventuell mit Salz und Pfeffer abschmecken.

Tipp: *Geröstete Weißbrotscheiben, heiß mit einer halbierten Knoblauchzehe eingerieben und mit etwas Butter bestrichen, ergänzen die Suppe sehr gut.*

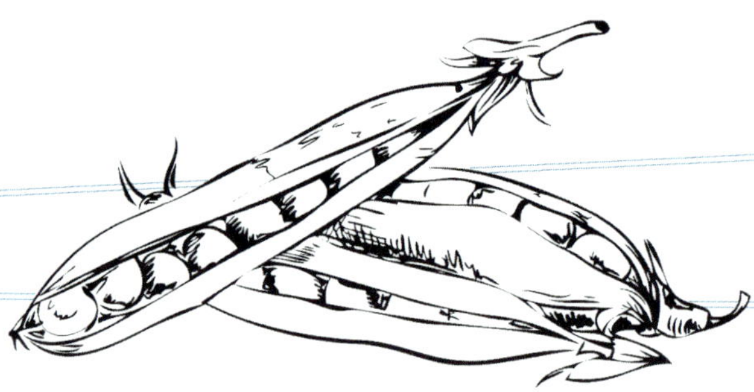

Gebundene Karpfensuppe

FÜR 4–6 PERSONEN:

1 Zwiebel
150 g Karotten
150 g Knollen- oder Stangensellerie
80 g Butter
1 l Karpfenfond (s. S. 18)
2 gestrichene EL Mehl
500 g Karpfenfilet, eingeschnitten
Saft von ½ Zitrone
Salz
1 Prise Zucker
1 EL Tomatenmark
250 ml Sahne oder Sauerrahm
1 EL Dill, fein gehackt
1 EL Petersilie, fein gehackt

Das Gemüse je nach Bedarf waschen, putzen und schälen. Die Zwiebel in feine Würfel, die Karotten und den Sellerie in feine Stifte oder Streifen schneiden.

40 g Butter in einem ausreichend großen Topf zerlassen, die Zwiebel darin andünsten, das andere Gemüse dazugeben und 2–3 Minuten unter Rühren dünsten. Mit etwa der Hälfte des Karpfenfonds aufgießen, das klumpenfreie, kalt angerührte Mehl hinzufügen und das Ganze aufkochen lassen.

Das Karpfenfilet in Würfel schneiden. 40 g Butter in einer Pfanne erhitzen, den Fisch darin bei schwacher Hitze 2–3 Minuten anbraten. Mit dem restlichen Karpfenfond ablöschen. Dann zur Suppe geben und 5 Minuten ziehen lassen.

Die Suppe mit dem Zitronensaft, etwas Salz, dem Zucker und dem Tomatenmark abschmecken. Anschließend die Sahne bzw. den Sauerrahm unterziehen. Die Suppe soll jetzt nicht mehr kochen. Zuletzt mit dem Dill und der Petersilie garnieren.

***Tipp:** Zur Suppe schmeckt geröstetes Weißbrot.*

Karpfensalat

FÜR 4 PERSONEN:
Für den Salat:
300 g Karpfen, gekocht
1 Apfel
1 Tomate
1 Zwiebel
1 Gewürzgurke
Für die Vinaigrette:
½ EL Kapern
Essig
Öl
Salz
Zucker
Pfeffer
1 TL Senf
etwas Fischsud (s. S. 20)
etwas Mayonnaise nach Belieben

Für den Salat den Karpfen in mundgerechte Stücke teilen und eventuell die Haut entfernen. Den Apfel und die Tomate waschen. Das Kerngehäuse des Apfels entfernen, das Fruchtfleisch wie auch die Tomate, die geschälte Zwiebel und die Gewürzgurke klein schneiden. Anschließend mit dem Karpfen vermischen.
Für die Vinaigrette die Kapern, den Essig und das Öl in ein Schraubglas geben. Mit Salz, Zucker, Pfeffer und Senf würzen. Dann den Fischsud und eventuell Mayonnaise hinzufügen. Nun das Schraubglas gut verschließen und kräftig schütteln.
Schließlich die Vinaigrette über den Karpfensalat geben und nett anrichten.

Tipp: *Für den Salat können Sie sehr gut Karpfenreste verwenden. Er muss allerdings aufgrund mangelnder Haltbarkeit am selben Tag verzehrt werden.*

Karpfenpastete

Von den Räucherkarpfen die Köpfe, die Flossen und die Gräten entfernen. Nach dem Häuten das Fischfleisch zweimal durch den Fleischwolf drehen.
Nun die sehr heiße Butter und die Crème fraîche unter das Fischfleisch rühren. Die Petersilie, den Pfeffer und den Knoblauch dazugeben. Zuletzt die Masse gut durchkneten.

FÜR 8–10 PERSONEN:
2–3 Räucherkarpfen
125 g Butter
200 g Crème fraîche
Petersilie
etwas weißer Pfeffer
etwas Knoblauchpulver

Tipp:
Die Pastete hält sich problemlos 3–4 Tage im Kühlschrank. Sie eignet sich als Brotaufstrich für die Vorspeise.

Mousse aus Räucherkarpfen auf buntem Herbstsalat

FÜR 4–6 PERSONEN:
Für die Räucherkarpfenmousse:
1 Räucherkarpfen oder
2 geräucherte Karpfenfilets
Pfeffer
Salz
Petersilie
½ mittelgroße Zwiebel
10 g Butter
1 TL Zitronensaft
150 g Crème fraîche (davon eventuell 75 g Quark) oder Frischkäse

Für den Salat:
300 g gemischter Salat
(z. B. Eichblatt-, Rucola- und Feldsalat)
150 g Stangensellerie
2 Orangen

Für die Vinaigrette:
Saft von 1 Orange
6 EL Öl
4 EL Essig
Salz
Pfeffer, frisch gemahlen
Zucker
Dill
Schnittlauch

Nach dem Häuten das Fischfleisch auslösen; dabei alle sichtbaren Y-Gräten entnehmen. Das Fleisch im Mixer zerkleinern, bis es eine mousseartige Konsistenz angenommen hat. Nun in einer Schüssel mit Pfeffer und eventuell Salz würzen.
Die Petersilie waschen, die Blätter abzupfen und klein hacken. Die geschälte Zwiebel klein schneiden und in der Butter glasig dünsten. Anschließend über die Räucherkarpfenmousse geben und verrühren. Neben der Petersilie und dem Zitronensaft auch die Crème fraîche sowie eventuell den Quark bzw. den Frischkäse gleichmäßig unterheben. Die Mousse kalt stellen.
Für den Salat das Gemüse waschen und putzen. Die Salate in mundgerechte Stücke zupfen und den Sellerie in feine Streifen schneiden. Nun die Orangen mit einem scharfen Messer von oben nach unten schälen, dabei auch die weiße Haut entfernen. Dann die Spalten an den Häuten einschneiden und herausnehmen. Die Orangenfilets mit dem Gemüse in eine große Schüssel geben.
Für die Vinaigrette den Orangensaft mit dem Öl sowie dem Essig verrühren. Mit Salz, Pfeffer und Zucker kräftig abschmecken.
Die Vinaigrette über den Salat geben. Gut mischen und auf den Tellern anrichten. Von der Räucherkarpfenmousse Nocken mit einem Löffel abstechen und diese auf dem Salat verteilen. Mit dem gewaschenen und gehackten Dill sowie Schnittlauch garnieren.

Tipp: *Anstelle des Karpfens können Sie ebenso Räucherforelle nehmen. Die Mousse eignet sich auch als Brotaufstrich oder zum Spritzen und Füllen von kleinen Brötchen. Sehr gut passt dazu Baguette.*

Klassiker 1: Gebackener Karpfen nach fränkischer Art

Nach dem Säubern die Karpfen trocken tupfen und längs halbieren. Dann salzen und pfeffern.
Das Butterschmalz in der Fritteuse auf 180 °C erhitzen. Anschließend die Karpfenhälften im Mehl wenden und in etwa 8 Minuten goldgelb backen. Das Fett gut abtropfen lassen und eventuell mit Küchenpapier abtupfen. Den schon fertig gebackenen Fisch warm halten, bis alle Hälften gebacken sind.

FÜR 4 PERSONEN:

2 Karpfen (à etwa 1,5 kg), küchenfertig
Salz
Pfeffer
Weizen- oder Dunstmehl
Butterschmalz zum Ausbacken

Tipp:
Als Beilagen sind ein Kartoffelsalat und ein gemischter Salatteller zu empfehlen.

Karpfenfilet in Kräuterkruste

FÜR 4 PERSONEN:

2 halbe Karpfenfilets (à 600 g)
Zitronensaft
Kräutersalz
weißer Pfeffer
Dill
Petersilie
Schnittlauch
2 Eier
Butterschmalz

Die Karpfenfilets nach der 3-S-Regel (säubern, säuern, salzen) zubereiten und pfeffern.
Die Kräuter nach dem Waschen fein schneiden, dann mit den verquirlten Eiern vermischen.
Die vorbereiteten Karpfen in der Kräuter-Ei-Mischung wenden. In der Pfanne mit heißem Butterschmalz auf jeder Seite etwa 5 Minuten goldgelb backen.

***Tipp:** Dazu passen Kräuter-Kartoffelbaggers (s. S. 82) und eine Apfel-Meerrettich-Creme (s. S. 104).*

Im Bierteig gebackener Karpfen

Die Karpfenfilets in Stücke schneiden. Mit dem Zitronensaft marinieren, pfeffern und salzen.
Für den Bierteig das Mehl in eine Schüssel sieben. Zusammen mit dem Bier, den Eiern und dem Salz zu einem glatten Teig rühren. Nun die Schüssel mit einem Tuch abdecken und den Teig 15–20 Minuten ruhen lassen. Danach kräftig umrühren.
Das Ausbackfett bereits auf 180 °C erhitzen. Das Eiweiß nicht zu steif schlagen, mit einem Holzlöffel locker unter den Teig ziehen. Dieser darf nicht zu flüssig sein, weil er sonst beim Frittieren keine durchgehende Panade um die Fischstücke bildet.
Den Fisch eventuell mit Küchenpapier trocken tupfen. Die Filetstücke nun einzeln mit einer Gabel in den Teig tauchen und darin wenden, bis sie ganz bedeckt sind. Danach aus dem Teig heben, etwas abtropfen lassen und im heißen Fett frittieren, bis sie goldgelb und knusprig sind. Dann auf Küchenpapier abtropfen lassen, mit den Zitronenachteln garnieren und sofort servieren.

Tipp: *Dazu verwenden Sie am besten Karpfenfilet in Stücken. Gute Beilagen sind Kartoffelsalat oder ein grüner bzw. gemischter Salat.*

FÜR 4–6 PERSONEN:
Für den Fisch:
1–1,5 kg Karpfenfilet, eingeschnitten
Zitronensaft
Salz
Pfeffer

Für den Bierteig:
250 g Mehl
250 ml dunkles oder helles Bier
2 Eier
Salz
2 Eiweiß, gut gekühlt
Butterschmalz oder hoch erhitzbares Pflanzenfett (Frittierfett) zum Ausbacken
1 Biozitrone, in Achtel geschnitten

Budweiser Karpfen

FÜR 4 PERSONEN:

2–3 kg Karpfen, küchenfertig
200 g Speck
30 g Knoblauch
Salz
30 g Mehl
scharfes Paprikapulver
Bratfett
10 g Petersilie

Den Karpfen halbieren und in Portionen aufteilen.
Den Speck in Scheiben schneiden und die Fischstücke damit spicken. Dann den Fisch mit dem geschälten und fein zerkleinerten Knoblauch bestreichen und salzen. Das Mehl mit Paprikapulver mischen und den Fisch darin wenden.
Die Fischstücke zuletzt mit dem Bratfett in der Pfanne backen, bis sie weich sind. Zusammen mit der gewaschenen und fein gehackten Petersilie anrichten.

Tipp:
Zum Budweiser Karpfen passen gekochte Kartoffeln in größeren Würfeln und Blattsalate.

Gebratener Karpfen mit Tomaten

Die Karpfenstücke kalt abspülen und abtropfen lassen. Dann mit dem Zitronensaft beträufeln und einige Minuten marinieren.

In der Zwischenzeit die Zwiebel schälen und in feine Ringe schneiden. Den Backofen auf 200–220 °C (Umluft 180–200 °C) vorheizen. Die Karpfenstücke salzen und pfeffern. Das Öl in einem ausreichend großen Bräter erhitzen und die Zwiebelringe darin andünsten, bis sie glasig sind. Die Fischstücke wie sie zusammengehören hineinlegen, mit dem Speck belegen und im vorgeheizten Backofen insgesamt etwa 40 Minuten braten.

Inzwischen die Tomaten am stiellosen Ende einschneiden, im heißen Wasser brühen und dann häuten. Vierteln und dabei die Stielansätze herausschneiden.

Nach 10 Minuten Bratzeit des Karpfens die Tomaten um die Fischstücke verteilen und mit etwas heißem Karpfenfond bzw. heißer Fleischbrühe aufgießen.

Nach 20–25 Minuten Bratzeit das Basilikum bzw. die Petersilie mit dem Sauerrahm verrühren und über die Karpfenstücke gießen. Bei Bedarf etwas heißen Karpfenfond bzw. heiße Fleischbrühe hinzugeben. Den Fisch nun fertig braten.

Tipp: *Dazu serviert man Salzkartoffeln oder feinen Kartoffelbrei.*

FÜR 2–3 PORTIONEN:

1-1,5 kg Karpfen, küchenfertig und in Stücken
Saft von ½ Zitrone
1 mittelgroße Zwiebel
Salz
Pfeffer aus der Mühle
3 EL feines Pflanzenöl
50 g dünne Speckscheiben
8 Tomaten
Wasser
250 ml Karpfenfond (s. S. 18) oder Fleischbrühe
1 EL Basilikum oder Petersilie, fein gehackt
250 ml Sauerrahm

Karpfen nach Müllerin-Art

FÜR 1 PORTION:
250–300 g eingeschnittenes Karpfenfilet oder -tranchen
Zitronensaft
2 EL Pflanzenöl
Salz
Pfeffer
Mehl zum Wenden
30 g Butter
1 EL Petersilie, gehackt
Scheiben von 1 Biozitrone, geschält

Das Karpfenfilet bzw. die Karpfentranchen mit Zitronensaft beträufeln und einige Minuten ziehen lassen.
Das Öl in der Pfanne erhitzen. Die Fischstücke salzen, pfeffern und im Mehl wenden. Anschließend sofort ins heiße Öl legen und bei starker Hitze 2–3 Minuten auf einer Seite braten. Nach dem Reduzieren der Hitze die Stücke wenden, das Öl abgießen und durch die zerlassene Butter ersetzen. Den Fisch bei reduzierter Hitze fertig braten und auf einen vorgewärmten Teller legen.
Die Petersilie kurz in der nun leicht gebräunten Butter schwenken und neben die Karpfenstücke gießen. Mit Zitronenscheiben garnieren.

Tipp: *Als Beilage passen dazu Salz- oder Petersilienkartoffeln.*

Karpfen im Pfannkuchenteig

Für den Teig das Mehl in eine Schüssel sieben. Etwas Milch und die Eier von der Mitte aus nach und nach unterrühren. Den Teig mit der restlichen Milch glatt rühren und etwas salzen. Er soll eine dickliche Konsistenz haben.

Das Karpfenfilet in Stücke schneiden, salzen und pfeffern.

Das Öl in einer Pfanne erhitzen, die Fischstücke einzeln in den Pfannkuchenteig tauchen und darin wenden. Nach kurzem Abtropfen ins heiße Öl legen und auf beiden Seiten goldgelb anbraten.

FÜR 4 PORTIONEN:

250 g Mehl
500 ml Milch
3 Eier
Salz
1 kg Karpfenfilet, am besten eingeschnitten
Pfeffer
feines Pflanzenöl zum Ausbacken

Tipp:

Reichen Sie dazu einen Kartoffel-, Blatt- oder gemischten Salat.

Zwiebelkarpfen

FÜR 4 PORTIONEN:

2 Karpfen (à 1-1,5kg), filetiert oder gespalten
feines Pflanzenöl
Salz
Pfeffer
Mehl zum Wenden
1-2 Zwiebeln
30 g Butter
100 ml Fleischbrühe nach Belieben
2-3 EL Crème fraîche oder Sahne nach Belieben

Das Karpfenfilet in 4–5 cm breite Stücke schneiden bzw. von den Spalthälften den Kopf und die Schwanzflosse abtrennen und die verbleibenden Seitenteile quer in 2–3 Stücke zerteilen.

In einer Pfanne das Öl erhitzen, den Fisch salzen, pfeffern, im Mehl wenden und sofort ins heiße Öl legen. Auf beiden Seiten 2–3 Minuten braten und anschließend warm stellen.

Die Zwiebel(n) schälen, in Würfel oder Ringe schneiden. Dann im Öl mit etwas Butter goldgelb rösten. Daraufhin nach Belieben die Zwiebelwürfel bzw. -ringe mit der Fleischbrühe ablöschen, die Crème fraîche bzw. Sahne hinzufügen und den vorbereiteten Karpfen in dieser Soße noch einige Minuten ziehen lassen.

Schließlich die Karpfenstücke auf die Zwiebeln legen und servieren.

Tipp:
Als Beilage passt dazu feines Kartoffelpüree.

Gebratener Karpfen mit Rotwein

Den Karpfen quer in 4 Stücke schneiden und unter fließendem Wasser gründlich waschen. Dann in eine Schüssel legen, mit Zitronensaft beträufeln, salzen und pfeffern. Das gebrochene Lorbeerblatt und den gewaschenen Thymian beifügen. Den Rotwein hinzugießen und das Ganze zugedeckt 3 Stunden ziehen lassen.

Die Zwiebel bzw. die Schalotten schälen und klein schneiden. In einem ausreichend großen Bräter das Öl erhitzen, darin die Zwiebel bzw. die Schalotten leicht andünsten. Die Zucchini in feine Scheiben schneiden und in den Bräter geben. Die Tomaten gegenüber dem Stielansatz kreuzweise einschneiden. Etwa 2 Minuten in kochendes Wasser legen und dann etwas abkühlen lassen. Dann häuten, vierteln, dabei den Stielansatz herausschneiden und zum anderen Gemüse geben. Alles salzen und pfeffern.

Den Backofen auf 200–220 °C (Umluft 180–200 °C) vorheizen. Die Karpfenstücke wie sie zusammengehören in den Bräter legen und mit einem Teil der Marinade begießen. Auf der unteren Schiene im vorgeheizten Backofen 30–40 Minuten braten. Dabei die Karpfenstücke alle 10 Minuten mit der zerlassenen Butter bestreichen und bei Bedarf die Marinade nachgießen.

FÜR 2–3 PORTIONEN:

1 Karpfen (à 1–1,5 kg), küchenfertig, ganz oder in Stücken
Saft von ½ Zitrone
Salz
Pfeffer aus der Mühle
1 Lorbeerblatt
1 Zweig Thymian
500 ml Rotwein
1 mittelgroße Zwiebel oder
2 Schalotten
3 EL feines Pflanzenöl
250 g Zucchini
2 Tomaten
40 g Butter

Tipp: *Dazu servieren Sie am besten Petersilienkartoffeln.*

Gebratenes Karpfenfilet mit Gemüse und Kresseschaumsoße

FÜR 4 PERSONEN:

4 Karpfenfilets
Zitronensaft
400 g Karotten
400 g Sellerie
400 g Kartoffeln
1 Zwiebel
1 Kästchen Kresse
250 ml Gemüsebrühe
100 ml Frankenwein oder
Gemüsebrühe
etwas Butterfett
Salz
Pfeffer
200 ml Sahne
200 ml Crème fraîche

Die Fischfilets waschen, abtropfen lassen und mit Zitronensaft beträufeln.
Das Gemüse bei Bedarf waschen, putzen und schälen. Die Karotten, den Sellerie und die Kartoffeln in Stifte schneiden. Die Zwiebel schälen und fein schneiden. Die Kresse abschneiden, waschen und abtropfen lassen.
Die Kartoffelstifte in der Gemüsebrühe und 50 ml Frankenwein bzw. 50 ml Gemüsebrühe 10 Minuten sanft köcheln. Die Kartoffelbrühe danach abseihen und beiseitestellen.
Inzwischen die Zwiebel mit Butterfett andünsten. Die Karotten- und Selleriestifte dazugeben, salzen und pfeffern. Dabei das Gemüse nicht zu weich dünsten. Die nicht ganz gegarten Kartoffeln zuletzt hinzufügen.
Für die Soße die abgeseihte Kartoffelbrühe, die Sahne, die Crème fraîche und 50 ml Frankenwein bzw. Gemüsebrühe erwärmen. Mit Salz und Pfeffer abschmecken. Kurz vor dem Anrichten die Soße mit dem Pürierstab aufschäumen.
Zuletzt die Fischfilets würzen und in einer Pfanne mit Butterfett auf beiden Seiten anbraten. Mit dem Gemüse, der Soße und der Kresse anrichten.

***Tipp:** Besonders köstlich sieht das Gericht aus, wenn Sie das Gemüse auf dem Teller verteilen, das Fischfilet daraufsetzen, als krönenden Abschluss mit der Soße begießen und mit der Kresse verzieren. Als Alternative zum Karpfenfilet können Sie auch Zander- oder Lachsforellenfilet nehmen.*

Karpfenfilet in Kräuterbutter

Die Kräuter unter die Butter rühren.
Von der Alufolie 4 Stücke abreißen, die etwas größer als die Fischfilets sind. Dann in der Mitte mit etwas Rapsöl bestreichen, damit der Fisch nicht daran kleben bleibt.
Nun jeweils ein Karpfenfilet auf ein Stück Alufolie legen. Mit dem Zitronensaft beträufeln, salzen und pfeffern sowie mit Kräuterbutterflocken belegen.
Schließlich die Alufolie jeweils zu einem Päckchen zusammenwickeln und auf dem Grill etwa 10 Minuten bei mehrmaligem Wenden grillen.

Tipp: *Dazu passen als Beilagen eine bunte Salatschüssel oder ein Kräuterbaguette.*

FÜR 4 PERSONEN:

Für die Kräuterbutter:
4 EL Kräuter (z. B. Dill, Giersch, Petersilie und Schnittlauch), fein gehackt
100 g Butter

Für den Karpfen:
Alufolie
Rapsöl
4 Karpfenfilets (à 200 g)
Saft von 1 Zitrone
Salz
Pfeffer

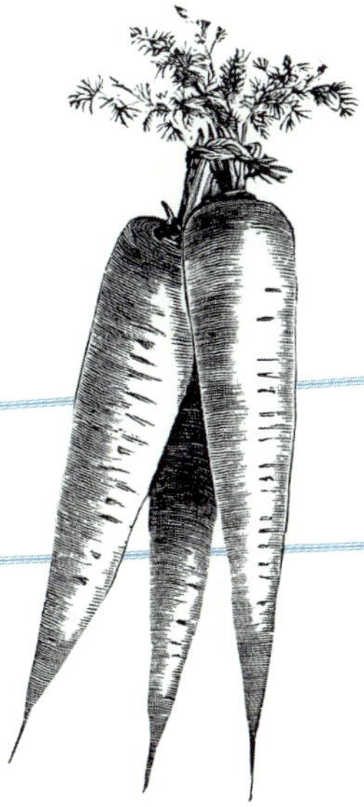

Karpfen im Bratschlauch

FÜR 4–6 PORTIONEN:
1–2 Karotten
1 Stange Lauch oder
1–2 Zucchini
1 mittelgroße Zwiebel oder
2–3 Schalotten
2–3 Zweige Petersilie
1 Zweig Thymian
1 Knoblauchzehe
2 Karpfen (à 1,5–2 kg), küchenfertig, ganz oder in Stücken
Folienschlauch
Salz
Pfeffer
1 Lorbeerblatt
15 Pfefferkörner
3 Wacholderbeeren
50 g Butter oder
5 EL trockener Weißwein

Das Gemüse je nach Bedarf waschen, putzen und schälen. Dann in Scheiben schneiden. Nach dem Waschen die Blätter der Kräuter abzupfen bzw. abstreifen und fein hacken. Die Knoblauchzehe schälen und fein zerkleinern.
Vom Folienschlauch ein Stück in der doppelten Länge der Karpfen abschneiden und eine Seite nach der Gebrauchsanweisung verschließen. Die Karpfen gesalzen und gepfeffert in den Folienschlauch legen.
Den Backofen auf 200 °C (Umluft 180 °C) vorheizen. Das Gemüse, die Kräuter, den Knoblauch und die Gewürze rings um den Fisch verteilen und mit Salz bestreuen. Zum Schluss die Butter in Stücken bzw. den Weißwein in den Folienschlauch geben und die Folie auch auf der anderen Seite verschließen.
Mit der Gabel oder mit einer Nadel einige Löcher oben in den Schlauch stechen, damit beim Garen Dampf entweichen kann und der Schlauch nicht platzt. Nun das Päckchen auf den kalten (nie auf den heißen!) Bratrost legen und im vorgeheizten Backofen auf mittlerer Schiene etwa 25–35 Minuten garen.
Zuletzt den Karpfen mit dem Gemüse anrichten.

Tipp:
Zu dem Gericht schmecken Salzkartoffeln und feines Gemüse.

Karpfen in Alufolie mit Tomaten-Paprika-Gemüse

Den Karpfen jeweils ganz lassen, eventuell den Kopf und die Schwanzflosse abschneiden oder in Stücke (à 2–3 cm) schneiden. Dann den Fisch kalt abbrausen, abtropfen lassen und mit dem Zitronensaft beträufeln.
Die Tomaten und den Paprika waschen. Die Tomaten gegenüber dem Stielansatz kreuzweise einschneiden. Etwa 2 Minuten in kochendes Wasser legen, etwas abkühlen lassen. Dann häuten, vierteln oder in Scheiben schneiden und dabei den Stielansatz entfernen. Die geschälte Zwiebel in Ringe, die Paprikaschote in kleine Würfel schneiden. Den Speck in einer Pfanne anbraten, danach die Zwiebel und den Paprika 5 Minuten mitdünsten.
In der Zwischenzeit zwei ausreichend große Stücke Alufolie mit etwas Butter bestreichen. Die Karpfen salzen, pfeffern und jeweils einen auf eine Folie legen.
Die Kräuter waschen, die Blätter abzupfen und fein hacken. Dann zu den Tomaten sowie dem angedünsteten Gemüse geben und um den Fisch verteilen. 40 g Butter in Stücken auf den Fisch legen und nach Belieben Weißwein und Sahne bzw. Sauerrahm dazugeben.
Den Backofen auf 200–220 °C (Umluft 180–200 °C) vorheizen. Die Alufolie jeweils locker über dem Fisch einschlagen und die Enden fest zusammenfalten. Die Päckchen im vorgeheizten Backofen auf der mittleren Schiene auf ein Backblech legen und etwa 30 Minuten garen. Schließlich in der Folie servieren.

FÜR 4 PORTIONEN:
2 Karpfen (à 1-1,5 kg), küchenfertig
Saft von 1 Zitrone
3 Tomaten
1 gelbe oder rote Paprikaschote
1 Zwiebel
50 g Speck, durchwachsen und in kleine Würfel geschnitten
Alufolie
40 g Butter + etwas Butter zum Bestreichen
Salz
Pfeffer
1 Bund Petersilie
1 Zweig Basilikum
2-3 EL trockener Weißwein nach Belieben
Sahne oder Sauerrahm nach Belieben

***Tipp:** Am besten reichen Sie dazu Petersilienkartoffeln und einen frischen gemischten Salat.*

Karpfen in Alufolie mit Karotte und Lauch

FÜR 4 PORTIONEN:
2 Karpfen (à 1-1,5 kg), küchenfertig
Saft von 1 Zitrone
1 Karotte
1 Stange Lauch
1 mittelgroße Zwiebel
1 Bund frische Kräuter (z. B. Dill, Kerbel und Petersilie)
Alufolie
50 g Butter + etwas Butter zum Bestreichen
Salz
Pfeffer
50 g Speck, durchwachsen und in dünnen Scheiben

Den Karpfen jeweils ganz lassen, eventuell den Kopf und die Schwanzflosse abschneiden oder in Stücke (à 2–3 cm) schneiden. Dann den Fisch kalt abbrausen, abtropfen lassen und mit dem Zitronensaft beträufeln.
Die Karotte und den Lauch putzen. Die Karotte in Scheiben oder Stifte schneiden, die Zwiebel schälen und zusammen mit dem Lauch in Ringe schneiden. Nach dem Waschen je nach Bedarf die Blätter der Kräuter abzupfen oder abstreifen und hacken.
Zwei ausreichend große Stücke Alufolie mit etwas Butter bestreichen. Den Karpfen jeweils salzen, pfeffern und auf eine Folie legen. Einen Teil der Kräuter in die Bauchhöhle füllen. Den Rest zusammen mit dem Gemüse um den Fisch verteilen. Die Speckscheiben und 50 g Butter in Stücken auf den Karpfen legen.
Den Backofen auf 200–220 °C (Umluft 180–200 °C) vorheizen. Die Alufolie jeweils locker über dem Fisch einschlagen und die Enden fest zusammenfalten. Die Päckchen im vorgeheizten Backofen auf der mittleren Schiene auf ein Backblech legen und etwa 30 Minuten garen. In der Folie servieren.

Tipp: *Dazu passen als Beilage Petersilienkartoffeln und ein frischer gemischter Salat.*

Karpfenfrikassee

Nach dem Schälen die Zwiebel fein schneiden. Die Champignons putzen, je nach Größe halbieren oder ganz lassen. Das Gemüse, den Fond, den Saft bzw. den Weißwein, den Schmand und den Dill miteinander vermengen. Die Mischung salzen und pfeffern. Dann auf kleiner Stufe etwa 15 Minuten garen.
Zuletzt das Karpfenfilet dazugeben und in etwa 10 Minuten gar werden lassen.

FÜR 4 PERSONEN:
1 Zwiebel
400 g Champignons
250 ml Fischfond
100 ml Trauben-Zitronensaft-Gemisch oder Weißwein
100 g Schmand
2 EL Dill, gehackt
Jodsalz
Pfeffer
600 g Karpfenfilet, gehäutet, mundgerecht zerteilt und gesäuert

Karpfengulasch

FÜR 4–6 PERSONEN:
300 g rote Paprikaschote
200 g Zwiebel
100 g Knollensellerie
200 g Gemüsebrühe
100 g Schmand
2 EL scharfes Paprikapulver
Jodsalz
Pfeffer
Cayennepfeffer
600 g Karpfenfilet, gehäutet und mundgerecht zerteilt

Das Gemüse zunächst je nach Bedarf waschen, putzen und schälen. Anschließend den Paprika in Streifen, die Zwiebel und den Sellerie in feine Würfel schneiden. Nun das Gemüse, die Brühe, den Schmand und das Paprikapulver miteinander vermengen. Salzen und pfeffern. Die Mischung dann auf niedriger Stufe etwa 20 Minuten garen. Im Anschluss das Karpfenfilet dazugeben und in etwa 10 Minuten gar ziehen lassen.

Karpfen in Apfel-Senf-Soße

Die Zwiebel schälen, die Äpfel waschen und das Kerngehäuse entfernen. Beides fein würfeln.
Die Zwiebel- und die Apfelwürfel zusammen mit dem Saft bzw. dem Weißwein, der Sahne und dem Senf verrühren. Mit Tabasco und Zucker abschmecken, dann salzen und pfeffern.
Nun die Mischung in einer Großraumpfanne auf kleiner Stufe etwa 15 Minuten garen.
Daraufhin das Fischfilet in die Soße legen und in etwa 10 Minuten gar werden lassen.

FÜR 4 PERSONEN:
1 Zwiebel
3 Boskop-Äpfel
100 ml Trauben-Zitronensaft-Gemisch oder Weißwein
100 ml Sahne
3 EL Senf, mittelscharf
Tabasco
Zucker
Jodsalz
Pfeffer
600 g Karpfenfilet, gehäutet

***Tipp:** Servieren Sie dazu Kartoffelbrei.*

Tomaten-Meerrettich-Karpfen

FÜR 4 PERSONEN:
600 g Karpfenfilet, gehäutet
Zitronensaft
4 Zwiebeln
3 Gewürzgurken
500 g Tomaten, passiert
5 EL Meerrettich, gerieben
100 ml Sahne
Jodsalz
Pfeffer
Petersilie

Das Fischfilet mit Zitronensaft beträufeln, etwas einwirken lassen. Dann in eine feuerfeste Form geben.
Die Zwiebeln schälen und in feine Ringe, die Gurken in feine Scheiben schneiden. Beides dann auf dem Filet verteilen.
Den Backofen auf 220 °C (Umluft 200 °C) vorheizen. Derweil die Tomaten, den Meerrettich und die Sahne verrühren, mit Salz und Pfeffer würzen. Die Petersilie waschen, die Blätter abzupfen, fein hacken und in die Soße geben. Die Soße schließlich über den Fisch und das Gemüse gießen. Das Ganze im vorgeheizten Backofen 30 Minuten garen.

Tipp:
Zum Karpfen schmecken Salzkartoffeln.

Karpfen nach Kaiser-Wilhelm-Art

Den Karpfen halbieren, den Kopf und die Flossen entfernen. Dann in Stücke schneiden (à 200–300 g), waschen und säubern.
Das Basilikum waschen, die Blätter abzupfen und fein hacken. Den Fisch zusammen mit dem Zitronensaft, dem Aromat, den Gewürzen und dem Basilikum in den Bräter geben. Die Butter, die Zwiebel und den Weißwein hinzufügen. Dann den Bräter mit Alufolie abdecken und den Fisch mehrere Stunden ziehen lassen.
Schließlich den Karpfen bei 180 °C (Umluft 160 °C) etwa 40 Minuten garen.
In der Zwischenzeit für die Soße die geschälten Zwiebeln fein hacken. Die Champignons putzen und in Scheiben schneiden. Dann den Bauchspeck goldbraun ausbraten. Die Zwiebeln dazugeben und glasig werden lassen. Danach die Champignons noch etwas mitdünsten, die Petersilie und eventuell die Mandelblättchen hinzufügen. Das Ganze mit der Sauce hollandaise (etwa gleiche Temperatur) mischen und über den Fisch verteilen.

Tipp: *Dazu können Sie Kartoffeln reichen.*

FÜR 4 PERSONEN:

Für den Fisch:
1,5–2,5 kg Karpfen
etwas Basilikum
Zitronensaft
1 EL Aromat (Fondor)
etwas Salz
Pfeffer, frisch gemahlen
etwas Knoblauchpulver
Butter
etwas gehackte Zwiebel
100 ml Weißwein
Alufolie

Für die Soße:
2 Zwiebeln
100 g Champignons
100 g Bauchspeck, geräuchert
2 EL Petersilie, fein gehackt
Mandelblättchen nach Belieben
4 EL Sauce hollandaise

Gedünstetes Karpfenfilet mit Gemüse

FÜR 4 PERSONEN:
500 g Karpfenfilet, küchenfertig
Zitronensaft
Salz
50 g Speck
1 Zwiebel
500–750 g Gemüse, je nach Saison (z. B. Blumenkohl, Bohnen, Erbsen, Karotten und Kohlrabi)
250–500 g Kartoffeln
etwas Butter, in Flocken
Pfeffer
250–500 ml Brühe
Essig nach Belieben
etwas Mehl nach Belieben
Kräuter nach Belieben

Den Fisch nach der 3-S-Regel (säubern, säuern, salzen) vorbereiten.
Den Speck auslassen, die geschälte und klein gewürfelte Zwiebel darin andünsten.
Das Gemüse je nach Bedarf waschen, putzen und schälen. Dann klein schneiden und lagenweise in den Topf geben. Die Kartoffeln schälen, in Würfel schneiden und als letzte Schicht auflegen. Salzen und pfeffern.
Nun das Fischfilet auf das Gemüse geben und mit Butterflöckchen belegen. Etwa die Hälfte der Brühe seitlich aufgießen. Das Ganze bei geschlossenem Topf 20–30 Minuten garen, eventuell nochmals aufgießen.
Nach dem Garen den Fisch auf einer vorgewärmten Platte anrichten. Das Gemüse eventuell mit etwas Mehl bestäuben, mit den gewaschenen und fein gehackten Kräutern anrichten und ggf. mit Essig verfeinern.

Tipp: *Als Beilage eignen sich Salzkartoffeln.*

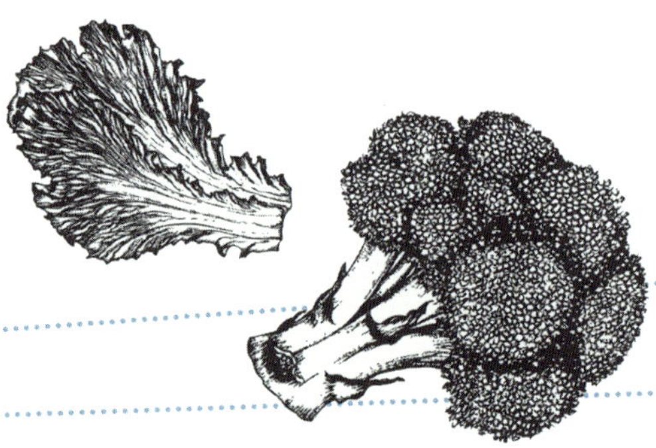

Karpfen im Wirsingblatt auf Zitronensoße

Nach dem Waschen die Wirsingblätter etwa 2 Minuten in Salzwasser kochen. Dann in kaltem Wasser abschrecken und trocken tupfen.
Den Karpfen in kleine Stücke schneiden und leicht anfrieren lassen.
Den Fisch, die geschälte Zwiebel, die geschälte Knoblauchzehe, das Ei und den Sauerrahm zusammen mit Salz, Pfeffer und Paprikapulver im Mixer zu einer Farce verarbeiten.
Nun jeweils zwei Wirsingblätter auf eine vorbereitete Frischhaltefolie übereinanderlegen, ein Viertel der Fischmasse auf die Blattmitte geben und verstreichen. Die Blätter dann zusammenrollen und im geschlossenen Topf bei mittlerer Hitze etwa 20 Minuten dünsten.
Für die Soße den Wein mit dem Zitronensaft und der Sahne erhitzen. Mit der abgeriebenen Zitronenschale, Salz und Pfeffer würzen. Die gewaschene Zitronenmelisse fein hacken und zur Soße geben.

Tipp: *Reichen Sie dazu am besten Salzkartoffeln.*

FÜR 4 PERSONEN:
Für den Fisch:
8 Wirsingblätter
Salz
Wasser
400 g Karpfenfilet
1 kleine Zwiebel
1 Knoblauchzehe
1 Ei
100 ml Sauerrahm
Pfeffer
edelsüßes Paprikapulver
Frischhaltefolie

Für die Soße:
150 ml weißer Frankenwein
Saft und etwas Schale von
¼ Biozitrone
150 ml Sahne
Salz
Pfeffer
frische Zitronenmelisse

Klassiker 2: Karpfen blau

FÜR 4–6 PORTIONEN:

Für den Fischsud:
3 l Wasser
3 Zwiebeln
1 Petersilienwurzel
1 Lauch
2 Karotten
1 Knollensellerie
3 gestrichene EL Salz
3 TL Zucker
15 Wacholderbeeren
15 weiße Pfefferkörner
3–5 Lorbeerblätter
100 ml Essig
100 ml Wein

Für den Fisch:
2 Karpfen (à 1,5–2 kg) küchenfertig, ganz, längs halbiert (gespalten) oder in Stücken
Essig nach Belieben

Für den Fischsud das Wasser in einen ausreichend großen Topf geben. Das Gemüse je nach Bedarf waschen, putzen und schälen. Die Zwiebeln in Viertel oder Ringe, die Petersilienwurzel, den Lauch, die Karotten und den Sellerie in Streifen oder Scheiben schneiden. Das Gemüse, die Gewürze und die Lorbeerblätter in den Topf geben. Die Pfefferkörner vorher eventuell andrücken. Den Sud etwa 30 Minuten leicht köcheln lassen.

Nun die Bauchhöhle des Karpfens mit einer Tasse ausfüllen und nach Belieben mit heißem Essig übergießen (diesen auffangen!) und 10 Minuten stehen lassen.

Den Essig und den Wein in den Sud geben. Den Karpfen in den köchelnden Sud legen und den aufgefangenen Essig dazugeben. Sobald der Sud an der Oberfläche wieder leicht zu kräuseln beginnt (der Karpfen darf auf keinen Fall sprudelnd kochen!), die Hitze soweit reduzieren, dass der Fisch bei einer Temperatur knapp unter dem Siedepunkt garen kann. Die Garzeit richtet sich nach der Größe und Dicke des Karpfens (bei 1,5 kg etwa 20–25 Minuten).

Den Fisch auf einer vorgewärmten Platte anrichten, mit dem Gemüse und den Gewürzen aus dem Sud garnieren, mit etwas heißem Sud begießen, damit er länger warm bleibt.

Tipp: *Zu diesem Karpfenklassiker servieren Sie am besten zerlassene Butter, Petersilienkartoffeln und eventuell zartes Buttergemüse (z. B. Erbsen, Karotten und Zuckerschoten). Auch Meerrettich oder Meerrettichsahne (s. S. 109) schmecken gut dazu.*

Karpfenfilet in Frankenwein

Die Petersilie waschen, die Blätter abzupfen und fein hacken.
Das Gemüse putzen, den Sellerie noch zusätzlich schälen und in feine Stifte, den Lauch in Ringe schneiden. Mit den Lorbeerblättern und der Nelke im Fond und im Wein bissfest dünsten. Einen Teil der Flüssigkeit abnehmen.
Den Fisch auf das Gemüse geben und noch einmal etwa 5–10 Minuten garen.
Für die Soße den abgenommenen Fond mit dem Eigelb legieren, mit Salz und Pfeffer abschmecken.
Den Fisch auf dem Gemüse und mit der Soße anrichten, mit der Petersilie bestreuen.

FÜR 2–3 PERSONEN:

frische Petersilie
½ Knollensellerie
4 Karotten
2-3 Petersilienwurzeln
2 Stangen Lauch
2 Lorbeerblätter
1 Gewürznelke
250 ml Fischfond
250 ml Frankenwein
500-750 g Karpfenfilet, küchenfertig
1 Eigelb
Salz
Pfeffer

Tipp:
Dazu passen Salzkartoffeln. Als eine Variante können Pastinaken das Gemüse ergänzen, die ihm eine interessante Geschmacksnote verleihen.

Pochierter Karpfen mit Malteser Soße

FÜR 4–6 PORTIONEN:

Für den Fisch:
2 Karpfen (à 1,5–2 kg), küchenfertig
Fischsud (s. S. 20) oder Karpfenfond (s. S. 18)
Salz

Für die Soße:
20 g Speisestärke
250 ml Mischung aus Saft von 1 Orange und Wasser
50 g kalte Butter
Salz
Pfeffer
2 Eigelb

Die Karpfen entweder in Stücke schneiden oder längs halbieren (spalten) und die Spalthälften in 2–3 Stücke schneiden oder filetieren. Den Sud bzw. Fond erhitzen und den gesalzenen Fisch hineingeben, möglichst maximal zwei Stücke gleichzeitig, um ein zu starkes Abkühlen zu verhindern. Während des Garvorgangs darf der Sud nur leicht köcheln. Nach etwa 10–15 Minuten den Fisch aus dem Sud nehmen und bei Bedarf warm stellen.
In der Zwischenzeit für die Soße die Speisestärke und die Orangensaft-Wasser-Mischung glatt rühren und zum Kochen bringen. Die Butter nach und nach unterrühren. Nach dem Salzen und Pfeffern die Soße mit den Eigelb legieren, wobei sie nicht mehr kochen darf.
Den Karpfen schließlich mit der Soße servieren.

Tipp:
Als Soßen eignen sich auch die polnische Soße (s. S. 23), die Kapern- (s. S. 24) oder die Meerrettichsoße mit Karpfenfond (s. S. 104).

Karpfen in Dillsoße

Das Gemüse je nach Bedarf waschen, putzen und schälen. Dann klein schneiden. Den Apfel waschen, das Kerngehäuse entfernen und das Fruchtfleisch klein schneiden. Zusammen mit dem Gemüse, dem Brühwürfel, den Gewürzen, den gewaschenen Kräutern und der Zitrone in einem Topf vermischen. Das Wasser, den Essig und den Weißwein hinzugießen. Den Sud nun etwa 15 Minuten kochen lassen.
Im Anschluss den Sud durch ein feines Tuch abseihen und wieder leicht aufkochen. Nun die Filets hineingeben und etwa 10 Minuten leicht köcheln lassen. Dann etwa 400 ml vom Sud abschöpfen.
Für die Dillsoße zunächst den Dill waschen und fein hacken. Eine Mehlschwitze aus der Butter und dem Mehl herstellen, dann mit dem abgeschöpften Fischsud und eventuell mit Wasser aufgießen. Daraufhin den Dill, die Sahne und den Weißwein hinzufügen.
Die Fischstücke aus dem Sud nehmen und in die Dillsoße geben. Darin noch etwa 5 Minuten ziehen lassen. Zuletzt den Fisch mit der Soße anrichten.

Tipp: *Als Beilage passen dazu Salzkartoffeln.*

FÜR 4 PERSONEN:

Für den Sud:
1 Stück Lauch
¼ Karotte
1 Stück Sellerie
100 g Petersilienwurzel
½ Tomate, ½ Zwiebel, ¼ Apfel
½ Brühwürfel
5-6 EL Salz
2 TL Zucker
etwa ½ TL Kümmel
4 Wacholderbeeren
½ Bund Dill
1 Spitzchen Lorbeerblatt
1 Salbeiblatt
½ Biozitrone, in Scheiben geschnitten
2 l Wasser
100 ml Essig
100 ml Weißwein (oder mehr)
etwa 600 g Karpfenfilet

Für die Dillsoße:
½ Bund Dill
1 EL Butter
1 EL Mehl
400 ml Fischsud vom Pochieren
eventuell Wasser
100 ml Sahne
100 ml Weißwein

Karpfen auf Lauchgemüse

FÜR 4–6 PERSONEN:
600 g Karpfenfilet,
küchenfertig und gehäutet
Zitronensaft
1 kg Lauch
Salz
Pfeffer
Muskatnuss, gerieben
100 ml Wasser
100 ml Trauben-Zitronensaft-Gemisch oder Weißwein
100 ml Sahne

Das Karpfenfilet mit dem Zitronensaft beträufeln, dann abdecken und etwas ziehen lassen.
Den Lauch waschen, in 1 cm dicke Ringe schneiden und blanchieren. Danach in eine flache Auflaufform mit Deckel legen, mit Salz, Pfeffer und Muskat würzen. Das Fischfilet auf den Lauch geben, salzen und pfeffern.
Schließlich das Wasser, den Saft bzw. den Wein und die Sahne mischen. Die Soße auf dem Fisch und dem Lauch verteilen. Die Auflaufform mit dem Deckel schließen und im Backofen bei 220 °C (Umluft 200 °C) 30 Minuten garen.

Fischfilet mit Ananas

Den Senf, die Streuwürze, den Zitronen- und den Ananassaft vermischen. Das Fischfilet mit der Marinade einstreichen und etwa 20 Minuten ziehen lassen.
Die Tomaten und den Apfel waschen. Die Tomaten gegenüber dem Stielansatz kreuzweise einschneiden. Etwa 2 Minuten in kochendes Wasser legen. Nach dem Abkühlen häuten und dann in Würfel schneiden. Das Kerngehäuse des Apfels entfernen und das Fruchtfleisch ebenfalls würfeln.
Den Fisch mit Küchenpapier leicht abtupfen, salzen und pfeffern. Dann im Mehl wenden und in der heißen Pfanne mit dem Öl kurz anbraten. Nun das Fischfilet in eine feuerfeste Form legen. Die Ananasscheiben und den Gouda würfeln, zusammen mit den Tomaten und dem Apfel über dem Fisch verteilen. Diesen mit dem Zitronensaft beträufeln und Butterflocken daraufsetzen.
Zum Abschluss den Karpfen im Backofen bei 200 °C (Umluft 180 °C) etwa 30 Minuten garen.

***Tipp:** Statt des Karpfenfilets können Sie auch Kabeljau, Rotbarsch oder Seelachs nehmen.*

FÜR 4 PERSONEN:

Für die Marinade:
1 TL Senf
etwas Streuwürze
1-2 EL Zitronensaft
1-2 TL Ananassaft

Für den Fisch:
600 g Karpfenfilet
2-3 Tomaten
1 großer Apfel
Küchenpapier
Salz
Pfeffer
1-2 EL Mehl
2 EL Öl
4-6 Scheiben Ananas
100 g Gouda
1-2 EL Zitronensaft
1 EL Butter, in Flocken

Karpfen im Gemüsenest

FÜR 4 PERSONEN:

1 Karpfen (à 2–2,5 kg)
Küchenpapier
Salz
Pfeffer
Dill
500 g Kartoffeln
200 g Karotten
200 g Lauch
100 g Sellerie
200 g Zwiebeln
3 Tassen Fleischbrühe
50 g Speckscheiben
2 EL Butter
250 ml Sauerrahm
Petersilie zum Garnieren

Den ganzen Karpfen von den Schuppen befreien und mit fließendem, kaltem Wasser sauber waschen. Dann mit Küchenpapier trocken tupfen, salzen und einige Zeit stehen lassen, damit er gut durchzieht.

Nun die Bauchhöhle des Karpfens mit einer Tasse ausfüllen und in aufrechter Haltung mit der Bauchöffnung nach unten in den Bräter setzen. Mit Pfeffer sowie dem gewaschenen und fein gehackten Dill bestreuen.

Den Backofen auf etwa 200 °C (Umluft 180 °C) vorheizen. Das Gemüse je nach Bedarf waschen, putzen und schälen. Dann in Würfel schneiden und um den Karpfen verteilen. Mit der Fleischbrühe übergießen. Den Karpfen in seiner ganzen Länge mit den Speckscheiben belegen und im vorgeheizten Backofen etwa 45 Minuten braten. Den Fisch öfters mit der Butter und dem Sauerrahm übergießen.

Zuletzt den Karpfen anrichten, mit der gewaschenen und fein gehackten Petersilie garnieren.

Tipp: *Servieren Sie das Karpfengericht am besten im Bräter.*

Fischgratin

Das Fischfilet waschen, abtropfen lassen, mit dem Zitronensaft beträufeln und gekühlt durchziehen lassen.
Die Zwiebel schälen und fein würfeln. Nach dem Waschen die Karotten grob raspeln und den Lauch in feine Ringe schneiden. In der Pfanne das Öl erhitzen und die Zwiebelwürfel darin glasig dünsten. Danach die Karotten sowie den Lauch dazugeben, kurz mitdünsten und in eine Schüssel geben. Den Gouda und den Schmand hinzufügen, mit Salz und Muskat kräftig abschmecken.
Eine offene Auflaufform ausfetten. Das Fischfilet hineinlegen, leicht salzen und mit der Käse-Gemüse-Mischung bestreichen. Zuletzt die Auflaufform in den Backofen geben und bei 175 °C (Umluft 155 °C) etwa 40 Minuten backen. Der Fisch ist gar, wenn das Fleisch weiß und fest ist. Mit Petersilie anrichten.

FÜR 4 PERSONEN:
800 g Karpfenfilet
Zitronensaft
1 Zwiebel
300 g Karotten
300 g Lauch
2 EL Öl
100 g Gouda, gerieben
150 g Schmand
Salz
Muskatnuss, gerieben
Fett für die Form
Petersilie

Tipp:
Als Alternative zum Karpfen eignen sich auch Forelle oder Rotbarsch.

Überbackener Fisch mit Blumenkohl

FÜR 4 PERSONEN:
750 g Karpfenfilet
Zitronensaft
Salz
1 Blumenkohl
Wasser
40 g Butter + Butter für die Form
30 g Mehl
375 ml Gemüsebrühe
80 g Käse
4 EL Sahne
1-2 Eigelb

Den Fisch nach den 3-S-Regeln (säubern, säuern, salzen) zubereiten und in gleichmäßige Stücke (etwa 3–4 cm) schneiden.
Nach dem Waschen und Putzen den Blumenkohl in Röschen teilen und im Salzwasser kernig weich dämpfen.
Für die Soße eine Mehlschwitze aus der Butter und dem Mehl herstellen. Mit der Gemüsebrühe aufgießen und 5–10 Minuten kochen lassen. Dann Salz, Zitronensaft, 50 g Käse und die Sahne dazugeben. Die Soße mit dem Eigelb legieren und abschmecken; sie darf dabei nicht mehr kochen.
Den Backofen auf 180 °C (Umluft 160 °C) vorheizen. Die Fischstücke und den Blumenkohl abwechselnd in eine feuerfeste, flache und gut gebutterte Form legen und mit der Soße begießen. Im vorgeheizten Backofen bei mittlerer Hitze 45 Minuten überbacken. In den letzten 10 Minuten mit 30 g geriebenen Käse bestreuen und diesen bräunen lassen.

***Tipp:** Statt des üblichen Karpfens kann man auch Graskarpfen-, Silberkarpfen- oder Seefischfilet für das Gericht verwenden.*

Karpfenfilet auf Ingwergemüse

Das Karpfenfilet mit dem Zitronensaft beträufeln und ziehen lassen.

In der Zwischenzeit den Lauch halbieren, waschen und in halbe Ringe schneiden. Nach dem Waschen sowohl die Karotten als auch den geputzten und geschälten Sellerie in Stifte schneiden oder hobeln. Danach den Ingwer schälen und sehr fein würfeln.

Das Gemüse mit dem Ingwer in einer Schüssel vermischen und in eine Auflaufform füllen. Das Karpfenfilet hineingeben, salzen und mit Butterflöckchen belegen. Die Auflaufform abdecken und im Backofen bei 200 °C (Umluft 180 °C) etwa 45 Minuten garen.

FÜR 4 PERSONEN:

500 g Karpfenfilet
Saft von 1 Zitrone
250 g Lauch
250 g Karotten
250 g Sellerie
50 g Ingwer, frisch
Salz
20 g Butterflöckchen

Tipp: *Dazu schmecken Salz- oder Petersilienkartoffeln.*

Karpfen nach Stroganoff

FÜR 4 PERSONEN:
1 Karpfenfilet (à 1-1,5 kg), küchenfertig
Zitronensaft
Salz
Pfeffer
10 g Butter
2 Knoblauchzehen
1 Bund Petersilie
Rosmarin
1 mittelgroße Zwiebel
1 Gewürzgurke
125 ml trockener Weißwein (z. B. Riesling)
125 ml Sahne
1 TL Aromat (Fondor)
1 Schuss Wodka
3 EL Dill, fein gehackt

Das Karpfenfilet längs halbieren und in feine Streifen schneiden. Dann mit Zitronensaft beträufeln, salzen und pfeffern. Etwas ziehen lassen.
Die Filetstreifen in der Butter etwa 5 Minuten in einer Pfanne anbraten und zugedeckt gar ziehen lassen. Anschließend auf einer Platte warm stellen.
Den geschälten Knoblauch fein zerkleinern. Die Kräuter waschen, die Blätter abzupfen bzw. abstreifen und danach hacken.
Die geschälte Zwiebel sowie die Gewürzgurke klein schneiden und mit der Petersilie im Bratensaft andünsten. Mit dem Weißwein ablöschen. Die Sahne, den Knoblauch und Rosmarin dazugeben und das Ganze in einer offenen Pfanne sämig kochen lassen.
Die Soße mit dem Aromat und dem Wodka abschmecken und über den Fisch geben. Alles kurz in der Soße ziehen lassen und mit dem Dill garnieren.

Tipp: *Zu dem Gericht passen als Beilage Petersilienkartoffeln, Reis oder ein Salatteller.*

Fischfondue

Das Fischfilet in Stücke (etwa 2 × 4 cm) schneiden, mit dem Zitronensaft säuern, salzen und pfeffern. Dann sehr gut kühlen.
Nach dem Waschen den Lauch längs halbieren bzw. die Karotten längs in dünne Scheiben schneiden. Blanchieren und abkühlen lassen.
Je nach Bedarf das restliche Gemüse waschen und putzen. In feine Streifen bzw. Stücke schneiden und im Fischsud portionsweise garen.
Die Lauch- bzw. Karottenblätter waschen und zurechtschneiden. Die Filetstreifen damit einrollen, in die Gemüse-Sud-Mischung geben und darin 2–3 Minuten gar ziehen lassen. Schließlich zusammen mit dem Gemüse in Schälchen anrichten.

FÜR 6 PERSONEN:

1 kg Karpfenfilet
4 EL Zitronensaft
Jodsalz
Pfeffer
400 g Lauch oder Karotten + Blätter zum Einwickeln
150 g Petersilienwurzel
150 g Karotten
150 g Brokkoli, in Röschen
150 g Stangensellerie
1 l Fischsud (s. S. 20)

Tipp:
Versuchen Sie das Gericht doch mal mit Forellen-, Zander- oder Hechtfleisch. Zum Fondue reichen Sie am besten Gemüse, eine Soße (z. B. Apfelkren, s. S. 111, Knoblauch-Joghurt- oder Spargelsoße) und frisches Brot.

Fischküchle

FÜR 4 PORTIONEN:
1 altbackene Semmel
Wasser
1 Zwiebel
10 g Butter
Petersilie
750 g Karpfenfilet
75 g Bauchfleisch, geräuchert
2 Eier
Salz
Pfeffer
Fett zum Ausbacken
Semmelbrösel (bei Bedarf)

Die Semmel in Wasser einweichen. Die Zwiebel schälen, klein schneiden und in der Butter andünsten. Die Petersilie waschen, die Blätter abzupfen und fein hacken.
Das Fischfilet und das Bauchfleisch im Mixer zerkleinern oder durch den Fleischwolf drehen. Daraufhin die Eier, die eingeweichte Semmel, die Zwiebel und die Petersilie dazugeben. Die Mischung salzen und pfeffern. Den Teig gut durchkneten, eventuell etwas Semmelbrösel beimengen und kräftig abschmecken.
Aus dem Teig flache Fischküchle formen und im heißen Fett langsam ausbacken.

***Tipp:** Geeignete Beilagen sind ein Kartoffelsalat, ein Kartoffelgratin oder ein Salat.*

Saltimbocca-Kartoffeln mit Fisch

Die Kartoffeln waschen und in der Schale dämpfen. Nach dem Abkühlen schälen und in Würfel (etwa 1½ cm) schneiden.
Das Fischfilet würfeln, dann mit dem Zitronensaft beträufeln, salzen und pfeffern.
Die Butter in einer beschichteten Pfanne aufschäumen lassen und die gewaschenen Salbeiblätter kurz darin anbraten. Nun die Kartoffelwürfel dazugeben und goldgelb anbraten. Zuletzt den Fisch hinzufügen, 3–4 Minuten garen lassen. Mit dem Martini bzw. dem Sherry beträufeln und kurz durchziehen lassen.

FÜR 4 PORTIONEN:
600 g Kartoffeln, festkochend
600 g frisches Karpfenfilet
Saft von ½ Zitrone
Salz
Pfeffer
50 g Butter
10 frische Salbeiblätter
2 cl Martini oder Sherry

Tipp: *Anstelle des Karpfens kann man auch Forelle oder Seefisch verwenden.*

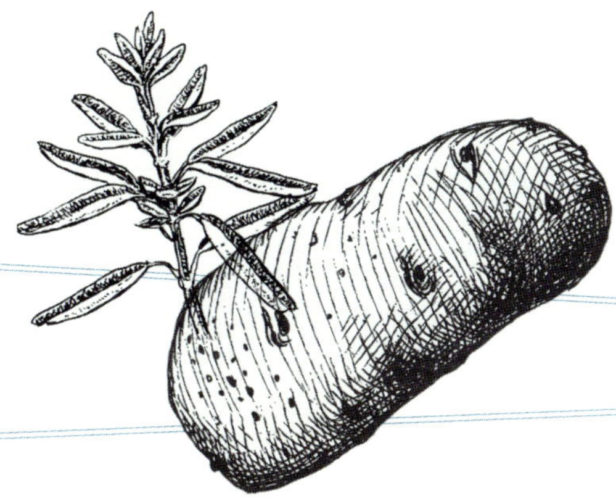

Karpfen nach indischer Art

FÜR 4 PERSONEN:
2 Karpfenfilets, gehäutet und grätenfrei, oder nur die Bauchlappen
1 l Wasser
5 TL Salz für das Salzwasser +
3 TL Salz
100 g Crème fraîche
3 EL Naturjoghurt
1½ Bananen
5 Scheiben Ananas
Curry nach Belieben

Die Filets bzw. die Bauchlappen in mundgerechte Stücke schneiden. Diese in heißem Salzwasser etwa 1–2 Minuten ziehen lassen, ohne dass es kocht.
Die Crème fraîche mit dem Joghurt vermischen. Die geschälten Bananen und die Ananas in mundgerechte Stücke schneiden. Zusammen mit den Karpfenstücken in die Crème-fraîche-Mischung geben, mit 3 TL Salz und eventuell Curry würzen. Kurz ziehen lassen.
Zuletzt den Fisch mit der Soße anrichten.

NOTIZEN ZUM KAPITEL KARPFEN:

Kräuter –

Bereicherung MIT Fingerspitzen

Kräuter sind kein Hexenwerk

Ob man einen Karpfen auswärts verspeist oder daheim: Man sucht nicht nur die Sättigung. Der kultivierte Esser will ein kulinarisches Erlebnis: die Ingredienzien sorgfältig aufeinander abgestimmt, die Getränke richtig temperiert, das Ambiente behaglich. Dafür legt er auch gern selbst Hand an den Herd. Karpfenfilet mit Kräuterbutter, in die Petersilie, Schnittlauch, Dill und Giersch einzuarbeiten sind – ein Gedicht! Und dann das Filet in Kräuterkruste! Und erst das im Wirsingblatt auf Zitronensoße! Wer nicht auf die vertraute Fischsilhouette verzichten mag, steckt den Karpfen in Folie und gart ihn schonend mit feinem Gemüse. Oder legt ihn auf den Grill und reicht dazu herzhafte Dips.

Durch und durch regional wie der Spiegelkarpfen sind auch die Kräuter, die am besten zu ihm passen. Unschlagbares Doppel: Petersilie und Schnittlauch. Während die Petersilie seit alters auch in der gehobenen Küche beliebt ist, wurde der Schnittlauch erst im 19. Jahrhundert hoffähig. Bis er den Weg vom alpenländischen Bergbauernbrot auf den feinen Tafelspitz der Habsburger Monarchen schaffte, galt er hierzulande als Armeleutekraut. Wenn solche Zutaten erntefrisch auf fangfrischen Fisch treffen, entsteht ein wunderbarer Wohlgeschmack.

Kräuter sind sowieso das A und O jeder Küche. Wer bisher nur Salz und Pfeffer gestreut hat, entdeckt in diesem Kochbuch einen völlig neuen Kontinent.

Rund 15.000 essbare Pflanzen gibt es in Europa, etliche dürften schon in der Steinzeit als Nahrung und vielleicht sogar als Würzmittel gedient haben. Doch während erste Kräuter- und Gewürzinformationen im Alten Orient bereits seit 3.000 v. Chr. auf Tontafeln verewigt sind, finden sich zeitgleich in Europa bloß verkohlte Kümmel-Krümel vor Schweizer Pfahlbauten. Womit Gletschermann Ötzi vor mehr als 5.000 Jahren sein Steinbockfleisch verfeinert hat, ist unklar. Die ersten echten Kräuterspuren in Nordeuropa führen erst viel später in den Magen-Darm-Trakt von Moorleichen. Im 2.400 Jahre alten Tollund-Mann aus Jütland etwa stieß man neben Getreideresten auch auf Ackerveilchen, Flachs und Knöterich.

Liebliche und herbe Kräuter waren den Menschen zu allen Zeiten treue Begleiter. Meist aber standen sie im Schatten der Gewürze aus dem Orient. Die waren rar, mussten lange Transportwege zurücklegen und konnten märchenhafte Preise erzielen. Außer Gold schenkten die Weisen aus dem Morgenland dem neugeborenen Jesuskind auch Weihrauch und Myrrhe, also richtig teure Schätze. Pfeffer, das erste exotische Gewürz, das Europa erreichte, löste auf den Märkten einen derartigen Boom aus, dass man lieber damit bezahlte als mit der Geldwährung – Jahrhunderte vor der Eurokrise.

Wenn dagegen ein Kraut schriftliche Erwähnung fand, dann vor allem wegen der medizinischen Aspekte. Das wissen wir von den alten Sumerern, Chinesen, Ägyptern, Griechen und Römern. Im Mittelalter blühte das Wissen um die heilenden Kräfte der Natur bei uns hinter Klostermauern und wild auf freiem Feld. Doch während die Mönche ihre rechtwinkligen Beete pflegten, verdächtigte man die kräuterkundigen Frauen da draußen als Hexen. Erst Hildegard von Bingen brachte Anfang des 12. Jahrhunderts System in das Know-how ihrer Zeit. Gegen Krankheit war in ihrem kleinen Klostergarten am Rhein ebenso ein Kraut gewachsen wie heute auf den großgewerblich genutzten Anbauflächen rund um Uehlfeld, Lonnerstadt und Vestenbergsgreuth.

Kräuter sind sowieso das A und O jeder Küche. Wer bisher nur Salz und Pfeffer gestreut hat, entdeckt in diesem Kochbuch einen völlig neuen Kontinent.

Melisse, Thymian & Co. können nicht nur heilen. Kräuter können auch schmecken. Das lernen wir immer wieder neu. Es ist noch gar nicht so wahnsinnig lang her, da kannte man Basilikum nur vom Italienurlaub; Bärlauch weckte bloß vage Vermutungen und »Rucola« war kaum zu buchstabieren. Inzwischen sind sie längst fester Bestandteil unseres Speiseplans.

Was Kochgurus im TV auf dem Hackbrett zelebrieren, findet schnell Eingang in die privaten Küchen. Grünes Crossover ist angesagt, oder anders ausgedrückt: Erlaubt ist jeder Kraut-Mix, der gelingt. Dabei muss gar nicht unbedingt Exotisches auf den Tisch. Trendige Profis und Amateurköche überraschen sich und ihre Gäste immer mal wieder mit erntefrischen Mitbringseln aus dem Garten. Unkraut wird da ganz neu definiert.

Nicht nur Brennnessel und Löwenzahn, Spitzwegerich und Giersch bereichern die moderne Küche. Jede dieser Pflanzen bringt ihre ganz individuelle Note mit ein. Mal liefert sie ein großes, schweres Aroma, mal einen flüchtigduftigen Hauch. Im Zusammenspiel dann zeigt sich die Qualität der Komposition, die Harmonie, das gewisse Etwas.

Jutta Untheim

Kräutersoße

FÜR 4 PERSONEN:
1 Knoblauchzehe
5 EL Kräuter (z. B. Dill, Giersch, Basilikum, Löwenzahn, Petersilie und Spitzwegerich), fein gehackt
200 ml Sauerrahm
Salz
Pfeffer

Die geschälte Knoblauchzehe fein zerkleinern. Zusammen mit den Kräutern unter den Sauerrahm rühren, mit Salz und Pfeffer würzen.
Schließlich die Soße noch etwas ziehen lassen.

Kalte Eiersoße

FÜR 4 PERSONEN:
3 Eier, hart gekocht
4 EL Öl
4–6 EL Sahne
2–3 EL Zitronensaft oder Weinessig
Salz
Senf
etwas weißer Pfeffer
1 Prise Zucker
Schnittlauch oder andere Kräuter

Die geschälten Eier halbieren. Jeweils das Eigelb herausnehmen und mit der Gabel zerdrücken. Dieses dann entweder durch ein Sieb streichen oder mixen. Mit dem Öl, der Sahne und dem Zitronensaft bzw. dem Weinessig abrühren. Außerdem mit Salz, Senf, Pfeffer und dem Zucker abschmecken.
Nach dem Waschen den Schnittlauch fein schneiden bzw. die Blätter der anderen Kräuter abzupfen oder abstreifen und fein wiegen. Daraufhin zusammen mit dem fein gehackten Eiweiß unter die Soße mischen. Zuletzt gut abschmecken.

***Tipp:** Die Soße passt gut zu kaltem Fleisch, kalten Eiergerichten oder Salaten.*

Dip mit frischen Kräutern

Die Zucchini waschen und in kleine Streifen hobeln. Den Quark, den Schmand und den Joghurt in eine Schüssel geben. Die Kräuter bzw. das Pesto, den Senf, den Sahnemeerrettich und die Milch unterrühren. Zuletzt die Zucchinistreifen hinzufügen. Den Dip mit Salz, Pfeffer, Zucker und Ingwer abschmecken.

Tipp:
Den Dip können Sie zu Brot und rohen Gemüsesticks reichen, aber auch zu allen Grillgerichten.

FÜR 4–6 PERSONEN:

1 kleine Zucchini
250 g Magerquark
200 g Schmand
300 g Naturjoghurt
2 EL frische Kräuter, fein gehackt, oder Pesto (s. S. 74, Rezept Kräuterpesto)
1 TL Senf
1 TL Sahnemeerrettich
etwas Milch
Salz
Pfeffer
Zucker
Ingwer

Kräuterpesto

FÜR 4 PERSONEN:
100 g Walnusskerne
1 Knoblauchzehe
3 Handvoll Kräuter
(z. B. Basilikum, Bohnenkraut, Borretsch, Dill, Giersch, Löwenzahn, Petersilie, Salbei, Schnittlauch, Spitzwegerich und Thymian)
100 g Parmesan oder Feta
1 TL Salz
125 ml Rapsöl

Die Walnusskerne, die geschälte Knoblauchzehe und die gewaschenen Kräuter im Mixer zerkleinern. Den Parmesan bzw. den Feta sowie das Salz dazugeben und mit dem Rapsöl bis zur gewünschten Konsistenz verdünnen. Das Pesto in heiß ausgespülte Schraubgläser füllen und mit Öl bedecken.

***Tipp:** Das Pesto ist einige Monate haltbar. Es dient als Grundlage für Soßen, Salate und Dips.*

Blaue Kartoffelsuppe

Die Kräuter waschen, die Blätter abzupfen und dann fein hacken.
Nach dem Schälen die Kartoffeln in Salzwasser kochen. Inzwischen die Zwiebeln schälen und fein hacken. Zusammen mit dem Speck und etwas Butter langsam knusprig anbraten.
Anschließend die Kartoffeln mit 1 EL Wasser pürieren. Dann 2 EL Butter, die Milch und den Frischkäse dazugeben. Eventuell Wasser bzw. Brühe hinzugießen; die Suppe soll sämig sein. Nun die Zwiebeln und den Speck hinzufügen und mit den Gewürzen abschmecken. Zuletzt die Kräuter über die Suppe streuen.

FÜR 4–6 PERSONEN:
Petersilie
Majoran
Spitzwegerich
Kapuzinerkresse
750 g blaufleischige Kartoffeln
Salz
Wasser + 1 EL Wasser
2 Zwiebeln
150 g Schinkenspeck, fein gewürfelt
2 EL Butter + etwas Butter zum Anbraten
500 ml Milch
100 g Kräuter-Frischkäse
Brühe nach Bedarf
Pfeffer
Muskatnuss, gerieben

Kürbissuppe

FÜR 4–6 PERSONEN:

1 Zwiebel
1 EL Rapsöl
600 g Kürbisfleisch
500 ml fettarme Milch
30 g Crème fraîche
1 EL Dill
1 EL Kapuzinerkresse, Blüten und Blätter
Jodsalz
Pfeffer
Zucker

Das Kürbisfleisch würfeln. Die Zwiebel schälen und fein schneiden. Anschließend im Öl glasig andünsten. Das Kürbisfleisch dazugeben und mit der Milch aufgießen. Etwa 15 Minuten köcheln lassen und dann pürieren.
Die Suppe mit der Crème fraîche und den Kräutern verfeinern. Zuletzt mit Salz, Pfeffer und Zucker abschmecken.

Petersiliensuppe

Die Petersilie waschen, die Blätter abzupfen und alle bis auf ½ EL zum Garnieren zusammen mit den Stielen grob hacken. Nach dem Schälen auch die Knoblauchzehe grob zerkleinern.
Das Öl erhitzen, die grob gehackte Petersilie und den Knoblauch darin andünsten. Das Mehl hinzufügen und das Ganze mit der Gemüsebrühe sowie der Milch aufgießen. Danach die Flüssigkeit 20 Minuten kochen lassen.
Nun 80 ml Sahne in die Suppe geben. Diese bis knapp unter dem Siedepunkt erhitzen, dann pürieren, mit Salz, Pfeffer und Muskat abschmecken.
Anschließend den Sesam ohne Fett anrösten und in die Suppe geben. 20 ml Sahne in die Suppenmitte gießen und mit dem ½ EL Petersilienblätter bestreuen.

***Tipp:** Die Suppe sieht sehr dekorativ aus, wenn Sie mit einem Schaschlikspieß Muster in die Sahne zeichnen.*

FÜR 4 PERSONEN:
150 g Petersilie
1 Knoblauchzehe
1 EL Öl
20 g Mehl
500 ml Gemüsebrühe
250 ml fettarme Milch
100 ml Sahne
Salz
Pfeffer
Muskatnuss, gerieben
30 g Sesam

Kräuterhörnchen

FÜR 12 STÜCK:

Für den Teig:
6 EL Milch
6 EL Rapsöl
150 g Magerquark
1 Prise Salz
300 g Mehl
1 Päckchen Backpulver

Für die Füllung:
1 Zwiebel
1 EL Rapsöl
400 g Frischkäse (13 %)
6 EL Kräuter (z. B. Brennnessel, Giersch, Löwenzahn und Spitzwegerich), fein gehackt
1 Eigelb

Für den Teig die Milch, das Öl, den Quark und das Salz verrühren. Das Mehl mit dem Backpulver mischen und dann langsam unter den Teig rühren. Diesen gut durchkneten und sehr dünn ausrollen. Daraus Dreiecke mit einer Oberkantenlänge von 10–15 cm schneiden.
Für die Füllung die geschälte und klein geschnittene Zwiebel im Öl andünsten und mit dem Frischkäse verrühren. Die Masse gleichmäßig auf die Dreiecke streichen und mit den Kräutern bestreuen. Die Hörnchen von der großen Oberkante aus zusammenrollen, mit dem Eigelb bestreichen und im Backofen bei 190 °C (Umluft 170 °C) 8–10 Minuten backen.

Kräuterschnecken

Nach dem Schälen die Zwiebel klein schneiden. Im Rapsöl andünsten und mit dem Frischkäse verrühren.
Den Blätterteig aufrollen, die Zwiebel-Käse-Mischung gleichmäßig darauf verstreichen und die Kräuter darüber streuen.
Danach den Blätterteig zusammenrollen und etwa 2 cm dicke Scheiben davon abschneiden.
Diese auf ein mit Backpapier ausgelegtes Backblech bei 190 °C (Umluft 170 °C) 8–10 Minuten backen.

FÜR 12 STÜCK:

1 Zwiebel
1 EL Rapsöl
400 g Frischkäse (13 %)
1 Rolle Blätterteig, tiefgefroren
6 EL Kräuter (z. B. Brennnessel, Giersch, Löwenzahn und Spitzwegerich), fein gehackt
Backpapier

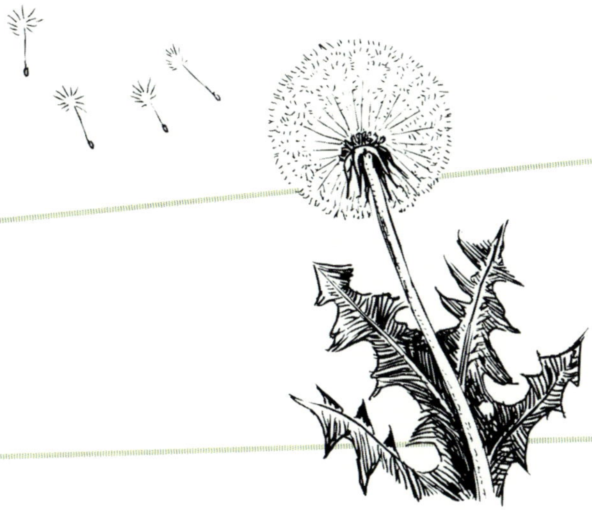

Kräuterwindbeutel mit Sahne-Quark-Füllung

FÜR 12 STÜCK:
Für den Teig:
250 ml Wasser
50 g Butter
1 Prise Salz
170 g Mehl
5 Eier
1 gestrichener TL Backpulver
Backpapier

Für die Füllung:
Kräuter (z. B. Rotklee und Zitronenmelisse)
200 ml Sahne
200 g Magerquark
1 EL Zucker
Puderzucker

Das Wasser, die Butter und das Salz in einem Topf zum Kochen bringen. Das Mehl ergänzen und die Masse zu einem glatten Kloß verrühren. Der Brandteig ist fertig, wenn er sich vom Topfboden ablöst und sich dort ein weißer Belag bildet.

Den Teig in eine Schüssel geben und die Eier nacheinander unterrühren, bis sich aus dem Teig glänzende Spitzen ziehen lassen. Jetzt das Backpulver beimengen.

Mit dem Spritzbeutel kleine Teighäufchen auf ein mit Backpapier ausgelegtes Blech setzen und sofort bei 190 °C (Umluft 170 °C) 30–35 Minuten backen. Die noch heißen Windbeutel mit einem Sägemesser quer aufschneiden.

Für die Füllung die Kräuter waschen, je nach Bedarf die Blätter abzupfen oder abstreifen und dann fein hacken. Die Sahne schlagen. Den Quark, den Zucker und die Kräuter unterrühren. Die Masse in die Windbeutel füllen, den Teigdeckel darauf setzen und mit Puderzucker bestäuben.

Kräuterwindbeutel mit Frühlingsfüllung

Die Windbeutel aus einem Brandteig zubereiten (s. S. 80, Rezept Kräuterwindbeutel mit Sahne-Quark-Füllung). Für die Füllung dem Frischkäse das Mineralwasser beimengen. Die Mischung salzen und pfeffern. Die Masse dann mit den Kräutern, dem Parmesan und dem Quark verrühren. Schließlich in die Windbeutel füllen und den Teigdeckel daraufsetzen.

FÜR 12 STÜCK:

Für die Windbeutel:
(s. S. 80, Rezept Kräuterwindbeutel mit Sahne-Quark-Füllung)

Für die Füllung:
200 g Frischkäse
4 EL Mineralwasser
Salz
Pfeffer, frisch gemahlen
5 EL Kräuter (z. B. Bärlauch, Brennnessel, Schnittlauch und Spitzwegerich)
1 EL Parmesan
200 g Magerquark

Kräuterkartoffeln

FÜR 4 PERSONEN:
Kräuter (z. B. Rosmarin, Thymian und Zitronenmelisse)
250 g Kartoffeln
1 EL Rapsöl
Salz
Pfeffer
Backpapier

Die Kräuter waschen, je nach Bedarf die Blätter abzupfen oder abstreifen und dann fein hacken.
Die Kartoffeln waschen, eventuell schälen und dann vierteln. Anschließend in eine große Schüssel geben. Das Öl, Salz, Pfeffer sowie die Kräuter hinzufügen und durchmischen.
Die Kartoffeln auf ein mit Backpapier ausgelegtes Backblech verteilen und bei 220 °C (Umluft 200 °C) etwa 25 Minuten backen.

Kräuter-Kartoffelbaggers

FÜR 4 PORTIONEN:
½ Zwiebel
750 g Kartoffelbrei
200 ml Milch
Salz
Pfeffer
Muskatnuss, gerieben
5 EL Kräuter (z. B. Brennnessel, Giersch, Salbei und Spitzwegerich), fein gehackt
Fett zum Ausbacken

Die geschälte Zwiebel klein schneiden. Dann mit dem Kartoffelbrei und der Milch zu einem sämigen Brei vermischen. Etwas Salz, Pfeffer, Muskat und die Kräuter dazugeben.
Den Teig im heißen Waffeleisen oder in einer Pfanne mit Fett ausbacken.

***Tipp:** Als Alternative zum Kartoffelbrei und der Milch können Sie auch 750 g Kloßteig, 2 Eier und etwas Wasser nehmen.*

Pikant eingelegte Würzeier

Die Eier 10 Minuten kochen und dann schälen. Das Wasser, den Essig, den Zucker und das Salz in einem Topf aufkochen.

Die Kräuter waschen, aber nicht hacken. Nach dem Schälen die Zwiebel in Scheiben schneiden.

Die Eier mit den Kräutern, der Zwiebel und den Gewürzen in ein großes Glas schichten. Mit dem kochend heißen Sud begießen. Schließlich die Würzeier im Kühlschrank 1–2 Tage durchziehen lassen.

Tipp:
Würzeier sind eine tolle Abwechslung als Beilage zu belegten Broten, Kräuterhäppchen oder kalten Platten.

FÜR 8–10 STÜCK:

8-10 Eier
500 ml Wasser
500 ml Weinessig
2 EL Zucker
1 TL Salz
1 Lorbeerblatt
1 Sträußchen Dill
1 Sträußchen Estragon
1 Sträußchen Zitronenmelisse
1 Zwiebel
3 Pimentkörner
½ TL Senfkörner

Balsamico-Champignons

FÜR 4 PERSONEN:
600 g Champignons
3 EL Rapsöl
1 Zwiebel
100 ml Balsamicoessig, dunkel
1 Knoblauchzehe
Thymian
Salz
Pfeffer

Die geputzten Champignons je nach Größe halbieren oder ganz lassen und im Rapsöl anbraten. Nach dem Schälen die Zwiebel in Würfel schneiden und hinzufügen. Das Ganze mit dem Balsamicoessig ablöschen.
Die geschälte Knoblauchzehe fein zerkleinern. Den Thymian waschen, die Blätter abstreifen und fein hacken. Zusammen mit dem Knoblauch, Salz und Pfeffer unter die Champignon-Mischung geben.

***Tipp:** Als Beilage schmeckt ein Kräuterbaguette.*

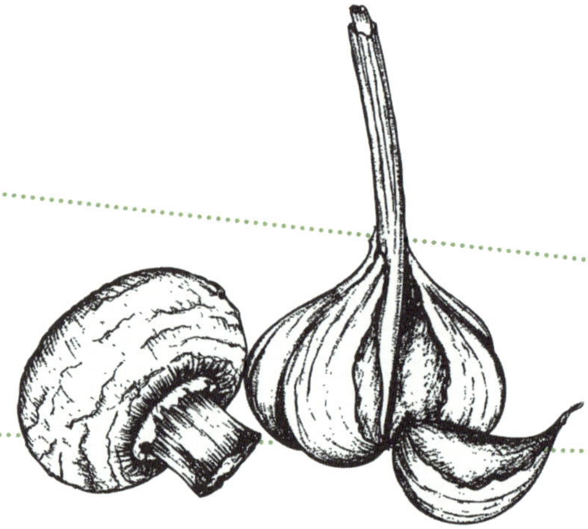

Roher Weißkrautsalat

Für den Salat die äußeren Blätter des Kohlkopfs entfernen. Das Weißkraut anschließend vierteln, den Strunk herausschneiden und fein hobeln. Nach dem Schälen die Zwiebel fein hacken und den Knoblauch klein schneiden. Nach dem Waschen sowohl die Karotte als auch den entkernten Apfel raspeln und die Kräuter klein schneiden. Das Gemüse mit dem Apfel, dem Knoblauch und den Kräutern vermengen.
Für die Soße den Sauerrahm und den Joghurt mischen. Mit Essig, Salz, Pfeffer, Zucker und Ingwer abschmecken. Schließlich über den Salat geben.

FÜR 6–8 PERSONEN:
1 Kopf Weißkraut
1 Zwiebel
Knoblauch
1 große Karotte
1 Apfel
Brennnessel
Löwenzahn
Spitzwegerich

Für die Soße:
200 ml Sauerrahm
125 g Naturjoghurt
Essig
Salz
Pfeffer
Zucker
Ingwer

Wildkräutersalat mit Spargel

FÜR 4 PERSONEN:
Für den Salat:
1 Kopfsalat
50 g Rucola
400 g Spargel
100 g Wildkräuter (z. B Giersch, Löwenzahn, Rosmarin, Rotklee, Salbei, Spitzwegerich und Zitronenmelisse)
Für die Marinade:
5 EL Balsamicoessig
2 EL Rapsöl
Salz
Pfeffer

Den Kopfsalat putzen und in mundgerechte Stücke zupfen. Zusammen mit dem anderen Gemüse und den Kräutern nach dem Waschen abtropfen lassen. Den Spargel schälen, in kleine Stücke schneiden und bissfest kochen. Die Blätter der Kräuter abzupfen bzw. abstreifen und etwas zerkleinern. Zum Gemüse in eine Schüssel geben.
Für die Marinade den Essig und das Öl mischen, salzen und pfeffern. Diese über den Salat geben und anrichten.

Tipp:
Als köstliche Variante können Sie anstelle des Kopfsalats und des Spargels 150 g Feldsalat und 200 g andere Salate (z. B. Eichblatt-, Friséesalat und Lollo Rosso) verwenden.

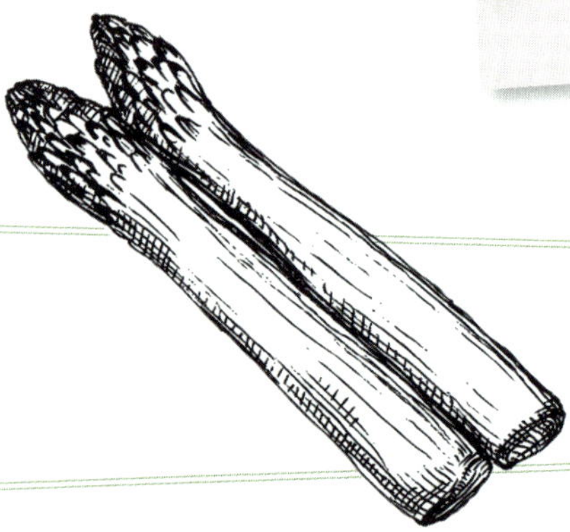

Spitzwegerichsalat

Die Äpfel waschen, das Kerngehäuse entfernen und das Fruchtfleisch in Streifen hobeln. Gut mit dem Zitronensaft mischen. Die Käsescheiben einmal längs teilen und dann in Streifen schneiden. Den Spitzwegerich gründlich waschen und quer zum Blatt ebenfalls in Streifen schneiden. Dann mit den Äpfeln und dem Käse vermengen. Die Sonnenblumenkerne kurz in einem Topf anrösten und erkalten lassen.

Die Kräuter waschen, die Blätter abzupfen bzw. abstreifen und fein hacken. Aus dem Joghurt, dem Schmand, dem Sahnemeerrettich, dem Senf und den Kräutern eine Marinade zubereiten. Diese mit Salz, Pfeffer, Paprikapulver sowie Ingwer abschmecken.

Die Marinade zum Salat geben. Alles gut vermischen und eine Stunde ziehen lassen. Zuletzt mit den Sonnenblumenkernen garniert servieren.

Tipp: *Probieren Sie den Salat doch zu Grillgerichten oder an heißen Sommertagen als leichtes Mittagessen.*

FÜR 4 PERSONEN:

Für den Salat:
2 Äpfel
2 EL Zitronensaft
200 g Frankendammer, geräuchert und in Scheiben geschnitten
2 Bund Spitzwegerich, frisch aus dem Garten oder von der Wiese geerntet
2 EL Sonnenblumenkerne

Für die Marinade:
1 Bund frische Kräuter
150 g Naturjoghurt
1 EL Schmand
1 TL Sahnemeerrettich (S. S. 110)
½ TL Senf
Salz
Pfeffer
edelsüßes Paprikapulver
Ingwer

Topinambur mit Dickmilch

FÜR 4 PERSONEN:
Petersilie
200 g Dickmilch
Saft von 1 Zitrone
1 EL Honig
Salz
Pfeffer
Anis, gemahlen
350 g Topinambur
3 Karotten
1 rote Zwiebel

Nach dem Waschen die Blätter der Petersilie abzupfen und fein hacken.
Für das Dressing die Dickmilch, den Zitronensaft, den Honig, die Petersilie und die Gewürze mit dem Schneebesen glatt rühren.
Das Gemüse je nach Bedarf waschen, putzen und schälen. Den Topinambur und die Karotten grob raspeln, die Zwiebel in kleine Würfel schneiden. Das Gemüse mit dem Dressing vermischen und etwas ziehen lassen.

Tipp: *Um den Salat zu verfeinern, können Sie noch 30 g Walnüsse hinzufügen.*

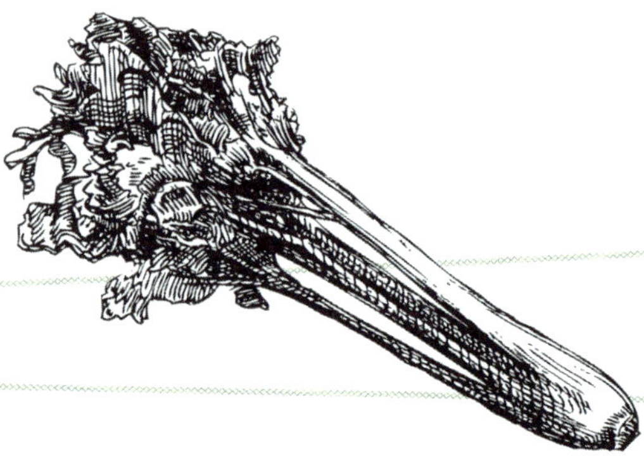

Eisberg-Fenchel-Salat

Nach dem Waschen den Eisbergsalat und den Fenchel in Streifen schneiden. Das Fenchelgrün hacken und die geschälte Zwiebel in Würfel schneiden. Die Kräuter waschen, die Blätter abzupfen bzw. abstreifen und hacken. Den Joghurt in eine Schüssel geben und die Schale von 1 Orange hinzufügen.
Alle Orangen mit einem scharfen Messer von oben nach unten schälen; dabei auch die weiße Haut entfernen. Dann die Spalten an den Häuten einschneiden und herausnehmen. Den Orangensaft auffangen und die Orangenfilets zum Salat geben.
Den Zitronensaft, 6 EL Orangensaft, Salz, Zucker, die Kräuter, die Zwiebel, den Ingwer und das Öl unter den Joghurt rühren. Kräftig abschmecken und zusammen mit den Kürbiskernen und dem Käse unter den Salat mengen.

Tipp: *Dazu schmeckt Toastbrot.*

FÜR 4 PERSONEN:
1 kleiner Eisbergsalat
1 kleine Fenchelknolle
1 Zwiebel
frische Kräuter
150 g Magermilchjoghurt
2 Orangen, ungespritzt
1 EL Zitronensaft
Salz
Zucker
20 g Ingwer, eingelegt und gehackt
6 EL Rapsöl
40 g Kürbiskerne, gehackt
100 g Gouda, in Würfel geschnitten

Kartoffelroulade mit Spinat und Karpfen

FÜR 4 PERSONEN:
Für die Roulade:
½ Packung Kloßteig
Klarsichtfolie
250 g Blattspinat, blanchiert oder tiefgekühlt
300 g Räucherkarpfen, in Scheiben
1–2 EL Meerrettich
2–3 Stängel Dill
2–3 Stängel Kerbel
2–3 Stängel Petersilie

Für den Dip:
150 g Crème fraîche
Pfeffer aus der Mühle
Salz
Meerrettich oder Wasabi
einige Salatblätter

Den Kloßteig zwischen zwei Lagen Klarsichtfolie etwa 20 × 20 cm groß und etwa 3 mm dick ausrollen. Dann die obere Folie abziehen. Den Teig zuerst mit dem gut abgetupften Blattspinat und danach mit dem Räucherkarpfen belegen. Nun mit dem Meerrettich bestreichen und zusammenrollen. Anschließend die Folie wie einen Bonbon verschließen und das Ganze etwa 10 Minuten köcheln lassen oder im Dampfgarer bei 100 °C garen.
Nach dem Waschen die Kräuter fein hacken und vermischen. Danach die Roulade darin wälzen und in etwa 1 cm dicke Scheiben schneiden.
Für den Dip die Crème fraîche mit etwas Pfeffer, Salz und Meerrettich bzw. Wasabi würzen.
Zuletzt die Roulade auf den Salatblättern mit dem Dip servieren.

Überbackene Hackfleischbällchen

Die geschälte Zwiebel würfeln und im Öl andünsten. Das Hackfleisch, das Ei sowie die Semmelbrösel vermengen, mit Salz, Pfeffer und Majoran würzen. Dann aus der Masse tennisballgroße Klößchen formen.
Den Backofen auf 180 °C (Umluft 160 °C) vorheizen. Die Klößchen mit etwas Öl in einer Pfanne pro Seite 10 Minuten anbraten. Danach etwas Öl in eine Auflaufform geben und die Hackfleischbällchen hineinlegen.
Inzwischen die Kräuter waschen, die Blätter abzupfen bzw. abstreifen und fein hacken. Die Pizzatomaten auf dem Herd erwärmen, mit dem Paprikapulver und dem Pfeffer würzen. Dann die Kräuter hinzufügen. Die Tomaten abschmecken und über die Klößchen geben. Schließlich mit dem Käse bestreuen und im vorgeheizten Backofen 10 Minuten überbacken.

FÜR 4–6 PERSONEN:
1 Zwiebel
1 EL Rapsöl + Rapsöl für die Form
500 g Hackfleisch, gemischt
1 Ei
50 g Semmelbrösel
1 TL Salz
Pfeffer
1 TL Majoran
Basilikum
Rosmarin
Thymian
375 g Pizzatomaten
edelsüßes Paprikapulver
weißer Pfeffer
80 g Emmentaler, gerieben

Tipp:
Dazu schmecken Nudeln oder ein Baguette, das mit etwas Kräuterpesto bestrichen und im Backofen 5–10 Minuten überbacken wird.

Würzige Brotlasagne

FÜR 4–6 PERSONEN:

Für die Lasagne:
1 EL Rapsöl
250 g Hackfleisch, gemischt
Oregano
1 mittelgroße Karotte
1 kleine Zwiebel
1 Knoblauchzehe
1 TL Tomatenmark
375 g Dosentomaten
Salz
Pfeffer
1 Prise Zucker
1 Ciabatta (etwa 300 g)
100 g Mozzarella

Für die Béchamelsoße:
1 EL Butter
1 EL Mehl
50 ml Milch
200 ml Gemüsebrühe
Muskatnuss, gerieben
Salz
weißer Pfeffer

Nach dem Erhitzen des Rapsöls das Hackfleisch darin krümelig braten.
Den Oregano waschen, die Blätter abzupfen und fein hacken.
Die Karotte waschen und die Zwiebel schälen. Dann beide in kleine Würfel schneiden und zum Hackfleisch geben. Die geschälte und fein gehackte Knoblauchzehe sowie das Tomatenmark kurz darin anbraten. Schließlich die Tomaten, den Oregano und die Gewürze ergänzen. Das Ganze abschmecken und 5 Minuten garen lassen.
Für die Béchamelsoße zunächst die Butter erhitzen und das Mehl darin anschwitzen. Mit der Milch und der Gemüsebrühe ablöschen. Die Soße nun aufkochen, 3 Minuten köcheln lassen und schließlich mit Muskat, Salz und Pfeffer abschmecken.
Im Anschluss das Ciabatta in dünne Scheiben schneiden und auf einem Blech im Backofen bei 200 °C (Umluft 180 °C) 6 Minuten rösten.
Danach ein Viertel der Hackfleischsoße in eine Auflaufform füllen. Darauf eine Lage Brot und Béchamelsoße geben. In dieser Reihenfolge schichten, bis alles verbraucht ist.
Nun den Mozzarella in Scheiben schneiden und auf der Lasagne verteilen; dabei das Brot nicht vollständig bedecken.
Zuletzt die Lasagne bei 200 °C (Umluft 180 °C) etwa 30 Minuten backen.

Kräuterlasagne

Nach dem Waschen die Kräuter blanchieren und hacken. Dann unter die Dickmilch und die Gewürze rühren. Den Gouda bis auf 2 EL beimengen.
Nun zuerst etwas von der Kräuter-Dickmilch-Masse in eine Auflaufform geben, dann mit einer Nudelplatte belegen. Auf diese Weise abwechselnd die Schichten hinzufügen, bis alles verbraucht ist. Zum Schluss den restlichen Käse darauf verteilen. Die Lasagne im Backofen bei 200 °C (Umluft 180 °C) etwa 35 Minuten backen.

FÜR 4 PORTIONEN:
600 g Kräuter
(z. B. Brennnessel, Giersch, Löwenzahn und Spitzwegerich)
400 g Dickmilch
Salz
Pfeffer
Muskatnuss, gerieben
100 g Gouda, gerieben
150 g Nudelplatten für Lasagne

Schupfnudelauflauf mit Hack und Lauch

FÜR 4 PERSONEN:

500 g Lauch
½ TL Majoran
½ TL Brennnessel
½ TL Basilikum
2 Packungen Schupfnudeln (insgesamt 1 kg)
3–4 EL Rapsöl + Rapsöl zum Anbraten
500 g Hackfleisch, gemischt
500 ml Wasser
1 TL Gemüsebrühe
150 g Sahne-Schmelzkäse
½ TL Salz
½ TL Cayennepfeffer
1 EL Mehl nach Bedarf
75 g Emmentaler

Den Lauch und die Kräuter waschen. Danach den Lauch in Ringe schneiden, bei Bedarf die Blätter der Kräuter abzupfen und dann fein hacken.
Die Schupfnudeln portionsweise in etwas Öl anbraten, dann herausnehmen. Das Hackfleisch krümelig im Rapsöl anbraten, den vorbereiteten Lauch dazugeben und kurz anbraten. Mit dem Wasser aufgießen, die Brühe hinzufügen und das Ganze etwa 5 Minuten köcheln lassen.
Jetzt den Schmelzkäse ergänzen, mit den Kräutern und den Gewürzen pikant abschmecken und eventuell mit Mehl abbinden. Den Backofen auf 200 °C (Umluft 180 °C) vorheizen.
Zuletzt die Hackfleischmischung mit den Schupfnudeln in eine Auflaufform füllen, mit dem Käse bestreuen und im vorbereiteten Backofen etwa 20 Minuten überbacken.

Kräuterdrink

Die Kräuter waschen, die Blätter abzupfen und im Mixer pürieren.
Nach und nach die Milch, den Honig, den Orangen- und den Zitronensaft hineingießen. Den Drink mit Salz sowie Pfeffer abschmecken und gut gekühlt servieren.

FÜR 4 GLÄSER:
½ Bund Dill
½ Bund Petersilie
½ Bund Pimpinelle
375 ml Milch
125 ml Orangensaft
Saft von ½ Zitrone
1 TL Honig
Salz
Pfeffer

Blütensirup

Den Zucker, das Wasser und die Zitronensäure verrühren. Die vorsichtig abgebrausten Blüten und die Zitronenscheiben dazugeben und das Ganze 24 Stunden ziehen lassen.
Den Sirup abseihen und in heiß ausgespülte und abgetropfte Flaschen abfüllen.

Tipp: *Der Sirup hält sich im Kühlschrank etwa vier Wochen. Für eine längere Haltbarkeit erhitzen Sie den Sirup auf 80 °C und füllen ihn in heiß ausgespülte und abgetropfte Twist-off-Gläser.*

FÜR 3 FLASCHEN (À 750 ML):
2 kg Zucker
2 l Wasser
50 g Zitronensäure
16 Blütendolden von Holunder oder Mädesüß
4 Biozitronen, in Scheiben geschnitten

Kräutersirup

FÜR 2 FLASCHEN (À 750 ML):
100 g Rotklee
10 stark duftende Rosenblüten
oder 100 g Zitronenmelisse
350 g Zucker
1 l Wasser
1 TL Zitronensäure
4 Biozitronen, in Scheiben geschnitten

Sowohl die Kräuter als auch die Blüten waschen und abtropfen lassen.
Den Zucker mit dem Wasser und der Zitronensäure 10 Minuten aufkochen. Die heiße Mischung über den Rotklee und die Rosenblüten bzw. die Zitronenmelisse gießen. Die Zitronenscheiben hinzufügen. Im Anschluss die Mischung 24 Stunden ziehen lassen.
Dann den Sirup abseihen und in heiß ausgespülte und abgetropfte Flaschen abfüllen.

Tipp:
Der Sirup ist im Kühlschrank etwa vier Wochen haltbar.
Wenn Sie ihn länger aufbewahren wollen, erhitzen Sie ihn auf 80 °C und füllen ihn dann in heiß ausgespülte und abgetropfte Twist-off-Gläser.

Zitronenmelisse-Mousse

FÜR 8 PERSONEN:
6 Blatt weiße Gelatine
Wasser
400 ml Milch
110 g Zucker
80 g Zitronenmelisseblätter
200 ml Sahne
4 Eiweiß

Die Gelatine in kaltem Wasser einweichen. Nach dem Waschen die Zitronenmelisseblätter klein schneiden.
Die Milch und 40 g Zucker aufkochen lassen, die Zitronenmelisse beigeben und zugedeckt etwa 10 Minuten ziehen lassen. Dann durch ein feines Sieb abseihen und etwas ausdrücken.
Die eingeweichte Gelatine ausdrücken und auflösen. Die Melisse-Milch-Mischung damit verrühren, dann kühl stellen, bis die Masse leicht anzieht.
Nun die Sahne nicht zu fest schlagen und unter die Melisse-Milch-Mischung heben. Das Eiweiß mit 70 g Zucker zu Schnee schlagen und ebenfalls unter die Masse rühren. Anschließend die Mousse kalt stellen.
Zum Anrichten einen Esslöffel oder einen Eisportionierer in heißes Wasser tauchen und Nocken abstechen, ziehen lassen.

Pfefferminz-Joghurt-Creme

FÜR 4 PORTIONEN:
Frischhaltefolie
5 Blatt weiße Gelatine
Wasser
250 g Naturjoghurt (1,5 %)
40 g Zucker
Saft von 1 Zitrone
5 EL Pfefferminzblätter
50 ml Sahne

Eine Rehrückenform mit Frischhaltefolie auskleiden. Die Gelatine in kaltem Wasser einweichen.
Den Joghurt, den Zucker und den Zitronensaft vermischen. Danach die Gelatine auflösen und unterrühren. Die gewaschenen Pfefferminzblätter klein hacken und hinzufügen. Die geschlagene Sahne unterheben.
Die Masse in die Form füllen und kalt stellen. Die erkaltete Creme stürzen und in Scheiben schneiden.

NOTIZEN ZUM KAPITEL KRÄUTER:

Kren –

Sahnehäubchen unter DEN Zutaten

So Kren wie möglich

Unter meinen persönlichen Lokalfavoriten steht neben dem gebackenen Klassiker gleichrangig der blaue Karpfen mit Kren. Am besten im Wurzelsud und mit ganz, ganz frischen Kartoffeln. Dabei ist Kren nicht gleich Kren. Sahnig-sanft soll er nach meinem Geschmack sein und ohne pompöse Extras. Denen, die so luftig-leicht daherkommen mit raffinierten Zugaben wie Preiselbeeren and more, ziehe ich immer die soliden mit feiner, nicht allzu nachhaltiger Schärfe vor. Bitte schleimhautreizarm, wenn's geht.

Kren wächst ja reichlich im Landkreis Erlangen-Höchstadt. Neben Kräutern und Kirschen ein Exportschlager in angrenzende Kreise, Städte und weiter hinaus. Und der perfekte Begleiter für den hiesigen Karpfen.

Wenn man den unscheinbar weiß-gräulichen Klecks da neben der blauen Masse des Fischs und der knallgelben Zitrone mit Petersiliengrün so vor sich zerlaufen sieht, mag man kaum glauben, was alles dahintersteckt.

Wussten Sie, welch intensive Bearbeitung so ein Teil aus der Familie der Kreuzblütengewächse braucht, bis die Essreife erreicht ist? Dass mehrmals Hand an die Wurzel gelegt werden muss bis zur Ernte? Ich auch nicht. Hab ich mir neulich im Baiersdorfer Museum angeschaut. Dort sind alle Stadien des Reifens dokumentiert.

Das geht so: Wenn zur Erntezeit im Herbst der dicke Meerrettich aus der Erde kommt, schneidet man die bis zu einem halben Meter lange Seitenwurzeln ab und überwintert sie. Sobald dann im Frühling die Frostphase endet, fängt das Krenjahr an. Die Fechser, wie die jungen Stecklinge heißen, werden ans Licht geholt und, wenn sie treiben, eingegraben. So ein junger Fechser kommt aber nicht einfach irgendwie in den Boden. Vielmehr wird er schräg, mit dem Kopf nach Osten unter die Erde gebracht. Das hat keineswegs jenseitige, sondern handfeste irdische Gründe: Käme er steil hinein, würde er zu sehr ins Kraut schießen. Zu waagrecht wäre auch nix, denn die Wurzel würde eher dünn bleiben. Auf die richtige Schräglage kommt es also an. Dann wirft man Erde drüber, lässt den Kopf aber rausschauen.

Drei, vier Wochen später treibt unser Steckling: Zeichen dafür, dass die Triebe auch unterirdisch sprießen. Ziel ist aber ein möglichst makellos gradliniger Wurzelwuchs. Also heißt es Wurzel freilegen, Seitentriebe ab und wieder Erde drüber. Das passiert meist Anfang Mai, und den Sommer über braucht der Boden »nur« noch gewässert, gedüngt und gelockert zu werden. Allerdings muss man im August schon wieder graben. Abermals werden die Seitentriebe entfernt.

Im Oktober dann welken glücklich die Blätter und zeigen an: Erntezeit. Die geraden Wurzeln werden gezogen, geduscht und verkauft. Mit neuen Fechsern kann der Reigen von vorn beginnen.

So oder so ähnlich mag es sich zugetragen haben, bevor das Kleckschen da zu mir auf den Teller kam. Feuchten Auges schärft sich messerspitzenweise das Bewusstsein, sich unglaublich Gutes zu tun. Das durch Raspeln freigesetzte Senföl hemmt Bakterien und fördert die Abwehrkräfte. Ganz nebenbei ist mehr Vitamin C dabei als in einer Zitrone. Und die enthaltenen Mineralstoffe und Spurenelemente geben einem den Rest: Herz, Kreislauf, Knochen, Nerven – der ganze Mensch wird aufgebaut und gestärkt. Wer's beniesen muss: Wohl bekomm's!

Jutta Untheim

Wussten Sie, welch intensive Bearbeitung
so ein Teil aus der Familie der
Kreuzblütengewächse braucht,
bis die Essreife erreicht ist?
Dass mehrmals Hand an die Wurzel
gelegt werden muss bis zur Ernte? (...)

Das passiert meist Anfang Mai und
den Sommer über braucht der Boden »nur«
noch gewässert, gedüngt und gelockert werden.
Allerdings muss man im August schon wieder
graben. Abermals werden die Seitentriebe entfernt.

Apfel-Meerrettich-Creme

FÜR 4 PERSONEN:
1 kleiner Apfel
Zitronensaft
200 g Tafelmeerrettich
(s. S. 108)
100 ml Sauerrahm
etwas Apfelsaft
Salz
Pfeffer

Nach dem Waschen das Kerngehäuse des Apfels entfernen. Daraufhin das Fruchtfleisch fein reiben und mit dem Zitronensaft beträufeln.

Nun den Apfel, den Tafelmeerrettich und den Sauerrahm verrühren. Den Apfelsaft hinzufügen. Zuletzt die Creme mit Salz und Pfeffer abschmecken.

Tipp: *Die Creme passt sehr gut zum Karpfenfilet in Kräuterkruste (s. S. 32).*

Meerrettichsoße

FÜR 4 PERSONEN:
40 g Butter
30 g Mehl
200-300 g Gemüsemeerrettich
(s. S. 110)
1 l Fleischbrühe
2 EL Milch
Salz
Essig
Zucker
100 ml Sahne

Aus der Butter und dem Mehl eine helle Mehlschwitze herstellen.

Den Gemüsemeerrettich unterrühren und mit der Fleischbrühe aufgießen. Schließlich die Milch dazugeben und 5–10 Minuten (je nach gewünschtem Grad der Schärfe) kochen. Mit Salz, Essig und Zucker abschmecken. Zuletzt die Sahne unterrühren. Die Soße soll nun nicht mehr kochen.

Tipp: *Die Meerrettichsoße reicht man z. B. zu gekochtem Rindfleisch.*

Meerrettichsoße mit Karpfenfond

Das Mehl mit dem kalten Fond bzw. Sud glatt rühren. Bei der weiteren Zubereitung darf die Soße nicht mehr kochen, weil sie sonst gerinnt! Deshalb am besten im heißen Wasserbad weiterverarbeiten: Abwechselnd die sehr kalten Butterflocken und das verquirlte Eigelb unterrühren, mit Salz, Pfeffer, Zitronensaft und dem Zucker abschmecken; währenddessen kräftig weiterschlagen.
Zum Schluss den Meerrettich und die Sahne unterziehen. Die Soße sofort servieren.

FÜR 4–6 PERSONEN:
20 g Mehl
250 ml Karpfenfond oder Sud vom Pochieren (s. S. 18, 20), kalt
50 g sehr kalte Butter, in Flocken
2–3 Eigelb
Salz
weißer Pfeffer
Zitronensaft
1 Prise Zucker
4 EL Meerrettich, frisch gerieben oder konserviert aus dem Glas
3 EL Sahne

Tipp:
Diese Soße kann man nur kurz vor dem Servieren herstellen. Jedoch ist es möglich, sie vor dem letzten Zubereitungsschritt noch wenige Minuten im heißen Wasserbad heißzustellen.
Die Soße reicht man z. B. zum pochierten Karpfen (s. S. 54) mit Salzkartoffeln.

Scharfe Meerrettichsoße

FÜR 4 PERSONEN:
2 Frühlingszwiebeln
2 EL Meerrettich, frisch gerieben
150 g Salatmayonnaise
150 g Crème fraîche
1 EL Zitronensaft
2 TL Worcestersoße
Salz
Pfeffer, frisch gemahlen
Zucker
Schnittlauchröllchen nach Belieben
Zwiebelringe nach Belieben

Von den Frühlingszwiebeln die äußersten Blätter am Schaft und die Wurzeln entfernen. Nach dem Waschen fein schneiden.
Den Meerrettich zusammen mit der Salatmayonnaise, der Crème fraîche, dem Zitronensaft und der Worcestersoße gut verrühren. Mit Salz, Pfeffer und Zucker würzen. Die Soße etwa 30 Minuten durchziehen lassen. Eventuell mit Schnittlauch und Zwiebelringen bestreuen.

Tipp:
Die Soße schmeckt gut zu gegrillten Beefsteaks, Steaks oder Fleischspieß.

Meerrettichgemüse

Zunächst den Meerrettich waschen, bei Bedarf putzen und dann schälen. Anschließend fein reiben und in der Butter kurz andünsten. Das Mehl sowie die Semmelbrösel dazugeben und mitrösten.
Im Anschluss die Krenmischung mit der Brühe aufgießen und kurz aufkochen lassen. Mit Salz, Pfeffer, Zucker und Muskat abschmecken.

Tipp: *Durch längeres Kochen verliert der Meerrettich an Schärfe. Auch Fett wie Butter, Sahne oder Öl lässt ihn milder schmecken. Wenn Sie vom frisch geriebenen Meerrettich etwa 1 EL im Schraubglas zurückbehalten, können Sie gegebenenfalls nachwürzen.*

FÜR 4–6 PERSONEN:
1 Stange Meerrettich
50 g Butter
1 EL Mehl
1 EL Semmelbrösel
250 ml Fleisch- oder Gemüsebrühe
3-4 EL Sahne
Salz
Pfeffer
Zucker
Muskatnuss, gerieben

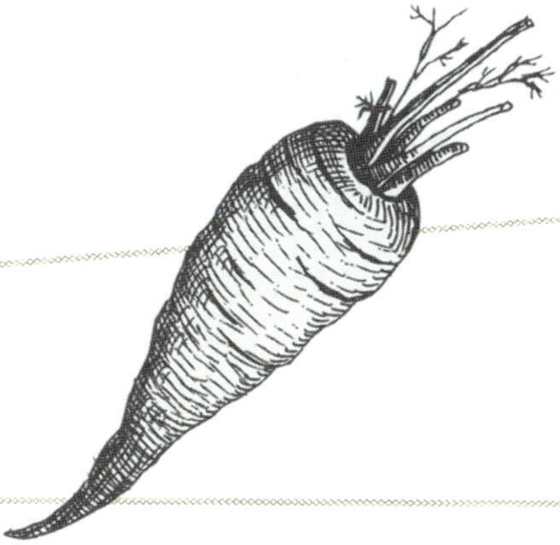

Traditioneller Tafelmeerrettich

FÜR 4 PERSONEN:
1 Stange Meerrettich
2 TL Zitronensaft
2 EL Essig
2 EL Zucker oder Süßstoff
etwas Salz

Nach dem Waschen den Meerrettich gegebenenfalls putzen, dann schälen und reiben.
Diesen mit dem Zitronensaft, dem Essig, dem Zucker bzw. dem Süßstoff und dem Salz gut verrühren.

***Tipp:** Im fest verschlossenen Glas ist der Tafelmeerrettich im Kühlschrank 4–10 Wochen haltbar. Er schmeckt prima zur Brotzeit.*

Scharfer roter Kren

FÜR 2 GLÄSER:
500 g Meerrettich
Wasser
Saft von 1 Zitrone
3 EL Essig
100 g Zucker

Den Meerrettich zunächst waschen und eventuell putzen. Im Anschluss im Mixer mit etwas Wasser pürieren und abseihen. Nun den Kren mit dem Zitronensaft und dem Essig verrühren. Den Zucker dazugeben und dann abschmecken.
Den Kren in heiß ausgespülte und abgetropfte Schraubgläser füllen, damit er sein kräftiges Aroma behält.

Tipp:
Der naturbelassene Kren schmeckt hervorragend zu einer deftigen Hausmacher-Brotzeit. Je nach Geschmack kann er auch mit Preiselbeeren angereichert werden.

Kren süßsauer

Nach dem Waschen und dem eventuell nötigen Putzen den Meerrettich reiben. Dann die Kren- bzw. Knödelhilfe unterrühren.
Das Wasser, den Essig, den Zucker und das Salz zusammen aufkochen und heiß über den Kren gießen. Die Mischung zugedeckt erkalten lassen.
Den Kren anschließend in heiß ausgespülte und abgetropfte Schraubgläser füllen.

FÜR 4 GLÄSER:
1 kg Meerrettich
1 Päckchen Kren- oder Knödelhilfe
250 ml Wasser
150 ml Essig
75 g Zucker
1 EL Salz

***Tipp:** Dieser pikante Kren eignet sich gut für eine Hausmacher-Brotzeit.*

Apfel-Meerrettich-Sahne

Die Sahne steif schlagen.
Nach dem Schälen das Kerngehäuse des Apfels entfernen und das Fruchtfleisch reiben. Anschließend zum Meerrettich in eine Schüssel geben und gut verrühren.
Die Sahne unter die Apfel-Kren-Mischung ziehen, mit Zucker und Salz abschmecken.

FÜR 8 PERSONEN:
250 ml Sahne
1 säuerlicher Apfel
1 Glas geriebener Meerrettich (à 150 g)
Zucker
Salz

***Tipp:** Sie können die Meerrettichsahne so servieren. Oder aber Sie füllen sie in eine Form und stellen sie so lange ins Gefriergerät, bis die Masse schnittfest ist.*

Gemüsemeerrettich

FÜR ETWA 4 GLÄSER:
1 Stange Meerrettich
2 TL Zitronensaft

Zunächst den Meerrettich waschen und bei Bedarf putzen. Dann schälen.
Anschließend den Meerrettich reiben und mit dem Zitronensaft gut verrühren.

Tipp: *Im fest verschlossenen Glas hält sich der Gemüsemeerrettich im Kühlschrank 3–6 Wochen.*

Sahnemeerrettich

FÜR 4 PERSONEN:
4 EL Sahne
4 TL Meerrettich
Salz
Zucker

Die Sahne und den Meerrettich vermischen, dann mit Salz und Zucker abschmecken.

Tipp: *Der Sahnemeerrettich muss möglichst bald verzehrt werden. Als Alternative können Sie auch 200 ml Sahne und 100 g tafelfertigen Meerrettich vermischen.*

Apfelkren

Die Äpfel schälen, das Kerngehäuse entfernen und das Fruchtfleisch mit der Küchenreibe raspeln. Den Meerrettich unterheben.
Die Mischung zuletzt mit dem Essig, dem Zucker und dem Salz abschmecken.

FÜR 4 PERSONEN:
2 große Äpfel (à 250 g)
2 EL Meerrettich, gerieben
1 EL Essig
1 EL Zucker
1 Prise Salz

Meerrettichquark

Den Quark mit etwas Salz, den Salatkräutern und dem Tafelmeerrettich verrühren.
Je nach Bedarf dem Meerrettichquark noch Milch bzw. Sahne hinzufügen.

***Tipp:** Der Quark schmeckt prima zu heißen Pellkartoffeln oder als Brotaufstrich.*

FÜR 4 PERSONEN:
500 g Quark
Salz
1 TL Salatkräuter,
frisch oder getrocknet
etwa 2 TL Tafelmeerrettich
(s. S. 108)
Milch oder Sahne nach Bedarf

Karotten-Apfel-Meerrettich

FÜR 4 PERSONEN:
250 g Karotten
250 g Äpfel
3 TL Zitronensaft
1 EL Öl oder 100 ml Sahne
1–2 EL Meerrettich
Zucker oder Honig nach Belieben

Die Karotten und die Äpfel waschen, bei Letzteren noch das Kerngehäuse entfernen. Anschließend beides reiben und miteinander vermengen. Den Zitronensaft und das Öl bzw. die Sahne zugeben.
Die Karotten-Apfel-Mischung mit dem Meerrettich und dem Zucker bzw. Honig abschmecken.

Tipp:
Der Karotten-Apfel-Meerrettich eignet sich mild abgeschmeckt sehr gut als Brotaufstrich. Kräftig-pikant abgeschmeckt ist er eine interessante Beilage zu Fleischgerichten und zur Brotzeit.
Als Variante können Sie zusätzlich 250 g geraspelten Sellerie und 2 EL gehackte Walnüsse unterheben.

Meerrettichsüppchen

Nach dem Schälen die rohe Kartoffel reiben und die Zwiebel klein schneiden.
Anschließend die Zwiebel in der Butter glasig dünsten. Den Gemüsemeerrettich und die Kartoffel zugeben, mit der Brühe und dem Essig aufgießen. 10 Minuten kochen, dann pürieren.
Das Eigelb und die Sahne vermischen. Schließlich langsam unter die Suppe rühren, wobei sie nicht mehr kochen darf. Zuletzt mit Salz und Pfeffer abschmecken.

FÜR 4 PERSONEN:
1 Kartoffel
1 kleine Zwiebel
40 g Butter
100 g Gemüsemeerrettich (s. S. 110)
1 l Gemüsebrühe
1 EL heller Essig
2 Eigelb
100 ml Sahne
Salz nach Belieben
Pfeffer nach Belieben

Meerrettich-Creme-Suppe mit Rindfleisch

FÜR 4 PERSONEN:
1 mittelgroße Zwiebel
Rapsöl
1 EL Mehl
5 EL Gemüsemeerrettich
(s. S. 110)
100 g Doppelrahm-Frischkäse
1 l Gemüsebrühe
Saft von ½ Zitrone
Salz
Pfeffer
200 g Rindfleisch, gekocht
etwas Kresse nach Belieben

Die geschälte und fein gehackte Zwiebel im Rapsöl andünsten. Das Mehl, den Meerrettich und den Frischkäse hinzufügen. Bei milder Hitze rühren, bis der Frischkäse geschmolzen ist. Dann die Gemüsebrühe ergänzen und aufkochen lassen. Alles im offenen Topf bei ständigem Rühren 10 Minuten köcheln lassen.
Nun den Zitronensaft hinzufügen, die Suppe mit Salz und Pfeffer pikant abschmecken. Zuletzt das gekochte Rindfleisch in feine Streifen schneiden und zur Suppe geben. Diese nach Belieben mit Kresse dekorieren.

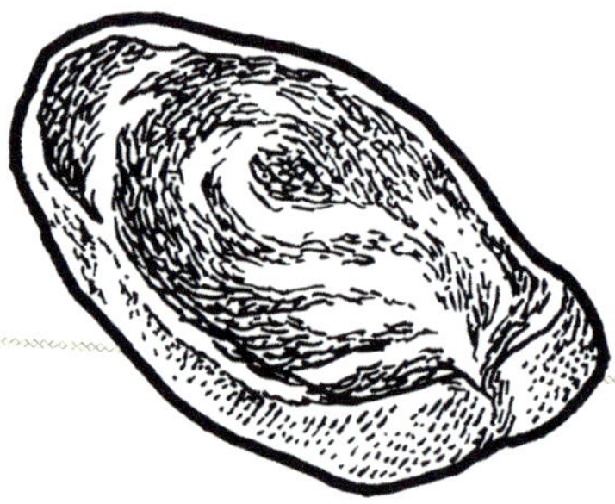

Meerrettichsuppe mit Gemüse

Zunächst das Gemüse je nach Bedarf waschen und schälen. Die Zwiebel fein würfeln, die Karotten sowie die Kartoffeln in feine Stifte schneiden.
Das Gemüse in der Butter andünsten. Mit der Fleisch- bzw. Gemüsebrühe aufgießen und 10–15 Minuten weich kochen.
Sowohl den Meerrettich als auch die Sahne in die Brühe geben. Die Suppe mit dem Zucker, etwas Salz und Pfeffer abschmecken.

Tipp: *Dazu können Sie zum Anrichten frische Croûtons aus Schwarzbrot reichen.*

FÜR 4 PERSONEN:
1 große Zwiebel
250 g Karotten
400 g Kartoffeln
50 g Butter
1,5–2 l Fleisch- oder Gemüsebrühe
2–4 EL Meerrettich, fein gerieben
100 ml Sahne
½ TL Zucker
Salz
Pfeffer

Rote-Bete-Suppe

FÜR 4 PERSONEN:
Für die Suppe:
1 mittelgroße Zwiebel
2 kleine Knollen Rote Bete
(insgesamt etwa 400 g)
1 mittelgroßer Apfel
1 EL Butter
200 ml trockener Weißwein
500 ml Wasser
4 EL Milch
Salz
Pfeffer
Aniskümmel
Kreuzkümmel

Für die Meerrettichcreme:
15 g frischer Meerrettich
4 EL Sauerrahm
4 EL Milch
2 EL Schnittlauch,
fein gehackt
Salz
Pfeffer

Die Zwiebel, die Rote Bete und den Apfel schälen, bei Letzterem noch das Kerngehäuse entfernen. Das Gemüse und den Apfel in Würfel schneiden und in der Butter andünsten. Mit dem Wein sowie dem Wasser aufgießen und köcheln lassen, bis alles gar ist.
Anschließend die Suppe fein pürieren, die Milch unterrühren und mit den Gewürzen abschmecken.
Für die Meerrettichcreme den Meerrettich waschen und bei Bedarf putzen. Nach dem Schälen reiben, dann mit dem Sauerrahm, der Milch und dem Schnittlauch verrühren. Die Creme salzen und pfeffern.
Schließlich die Suppe auf Tellern anrichten und mit etwas Meerrettichcreme beträufeln.

Rote-Bete-Salat mit Sellerie und Äpfeln

Für die Marinade den Joghurt mit dem Sauerrahm, dem Zitronensaft und dem Zucker bzw. dem Honig vermengen. Außerdem etwas Meerrettich, Salz, Ingwer und Chili hinzufügen.
Die Äpfel waschen, die Rote Bete und den Sellerie putzen. Nun die Rote Bete garen, schälen und klein schneiden. Sowohl die Äpfel als auch den Sellerie schälen und in kleine Stücke schneiden. Schließlich die Marinade auf den Salat geben und mit den Walnüssen garniert anrichten.

FÜR 4 PORTIONEN:

Für die Marinade:
125 g Naturjoghurt
6 EL Sauerrahm
2–3 EL Zitronensaft
1 Prise Zucker oder
etwas Honig
etwas Meerrettich
Salz
Ingwer
Chili

Für den Salat:
3 saftige Äpfel
500 g Rote Bete
150 g Sellerie
Walnüsse

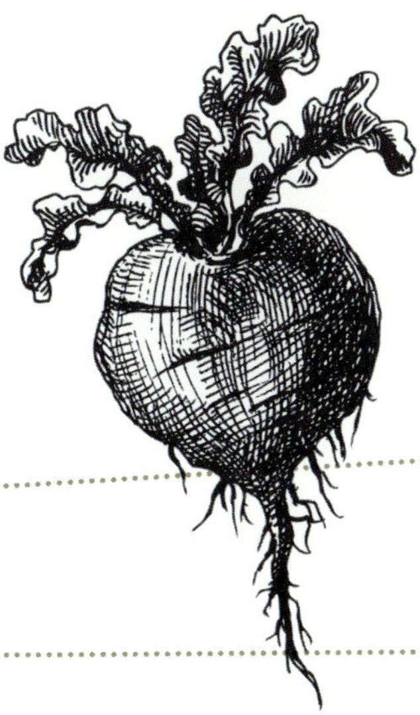

Apfel-Meerrettich-Salat

FÜR 4 PERSONEN:
$\frac{1}{4}$-$\frac{1}{2}$ Stange Meerrettich
3-4 saftige Äpfel
1-2 EL Zitronensaft oder Essig
Salz
Zucker oder Honig
4-6 EL Sahne

Den Meerrettich und die Äpfel waschen. Bei den Äpfeln noch das Kerngehäuse entfernen. Danach den Meerrettich bei Bedarf putzen, schälen und mit der Küchenreibe raspeln. Anschließend die Äpfel ebenfalls raspeln und unter den Meerrettich heben.
Den Salat mit dem Zitronensaft bzw. dem Essig, dem Salz und dem Zucker bzw. dem Honig abschmecken. Zuletzt die Sahne unterrühren.

Tipp: *Der Apfel-Meerrettich-Salat passt auch als Soße sehr gut zum Fisch.*

Krenkette

Den Meerrettich in Scheiben schneiden. Diese dann auf dem Faden zu einer Halskette auffädeln und um den Hals legen.

ZUTATEN:

1 Stange Meerrettich
Faden

Tipp: *Dieses Mittel wirkt bei Atemwegserkrankungen und Bronchitis.*

Meerrettichwickel

Die betroffene Körperstelle mit Öl bzw. Hautcreme einreiben.
□ Quark mit □ frisch geriebenem Kren vermengen und in ein Baumwolltuch geben.
Den Wickel mehrmals täglich etwa 15 Minuten auf die betroffene Körperstelle legen.

ZUTATEN:

Öl oder Hautcreme
Quark
Meerrettich
Baumwolltuch

Tipp:
Der Meerrettichwickel hilft bei Rheuma, Bronchitis, Kopf- und Rückenschmerzen.

Honigkren

ZUTATEN:
Meerrettich
etwas Honig

Den Meerrettich waschen und eventuell putzen, dann schälen und reiben.
Anschließend mit dem Honig mischen und mehrmals täglich einnehmen.

Tipp:
Den Honigkren können Sie bei Halsschmerzen und Husten anwenden.

Orangen-Meerrettich-Drink

Den Meerrettich waschen und eventuell putzen. Nach dem Schälen den Meerrettich klein hacken. Anschließend den Krensaft mit einer Knoblauchpresse auspressen.
1 EL des Meerrettichsafts mit dem Orangensaft vermengen.

Tipp: *Diese Fruchtmixtur ist ein zusätzlicher Vitaminstoß zum Schutz vor Krankheiten, weil sie das körpereigene Immunsystem stärkt.*

ZUTATEN:
1 Stange Meerrettich
Saft von 1 mittelgroßen Orange

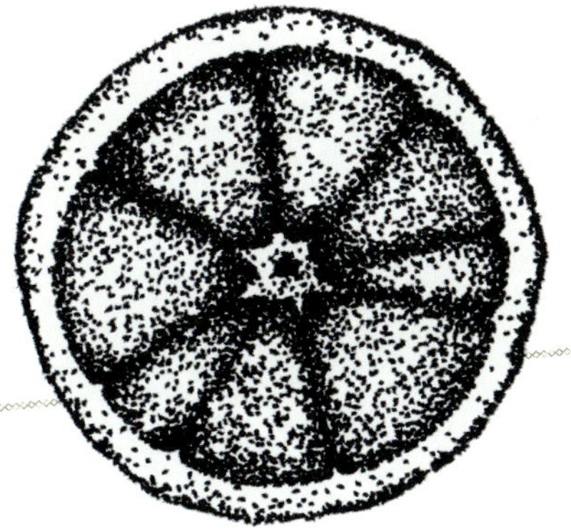

Meerrettichtee

FÜR 6 TASSEN:
1 TL Lindenblüten
1 TL Salbeiblätter
2 TL Meerrettich, geraspelt
1–2 TL Honig
1 TL Zitronensaft
1 l Wasser

Die Lindenblüten mit dem Salbei vermischen. Den Meerrettich, den Honig und den Zitronensaft dazugeben. Das Ganze gut umrühren.
Die Mischung mit dem kochenden Wasser übergießen und etwa 10 Minuten ziehen lassen. Dreimal täglich eine Tasse trinken.

Tipp: *Dieser Tee hilft gegen Husten.*

NOTIZEN ZUM KAPITEL KREN:

Kirschen –

ROT-herzige Abrundung

Kirsche - edle Frucht der Versuchung

Irgendwann ist der beste Karpfen gegessen und für manchen Liebhaber auch der letzte Höhepunkt – das zarte Klümpchen Fleisch unter den Kiemen – vorüber. Die Finger werden mit dem Frischetüchlein genetzt, das Fähnchen mag als Zahnstocher dienen. Bier und Weißwein gehen zur Neige, das Gerippe, das welkende Deko-Peterle, die ausgequetschte Zitrone runden das Bild der Schlacht.

Leicht erschöpft, doch zufrieden kann man wieder vorsichtig über den Tellerrand blicken. Die neuen Gäste am Nachbartisch geben gerade die Bestellung auf. Kirschsecco. Wäre auch eine Idee gewesen. Aber die Gedanken schweifen wieder ab. Nachtisch? Lieber nicht.

Mit dem Karpfen intus wär jetzt ein »Fettlöser« recht. Fisch soll ja bekanntlich schwimmen. Im Becken, im Fett und im Bauch. »Schnaps, das war sein letztes Wort, dann trugen ihn die Englein fort«, hat meine Mutter immer gewusst. Na, wird schon nicht gleich so schlimm kommen, die Mahnung schlagen wir mal in den Wind. Süße Qual der Wahl zwischen Schlehe, Zwetschge und – was war's noch? »Kirsch bitte!« – »Kommt sofort.« Die Bedienung hält Wort. Kristallklar schimmert das kostbare Wässerchen im Glas. Erst mal schnuppern. Schon der Duft belebt. Träges Zuprosten. Nicht gleich runterschütten, sondern spielerisch Schluck für Schluck auf der Zunge zergehen lassen. Das weckt die Lebensgeister.

Kirschen sind toll, und das in allen nur möglichen Varianten: frisch gepflückt vom Baum, in Kirschenmännle gebacken, zu Marmelade gekocht und im Glas eingemacht; als Kuchenbelag, als Dessert und in flüssiger Form als Saft, Secco oder Schnaps. Für jeden Einsatzzweck hat man das Obst aus der Familie der Rosengewächse kultiviert. Vom Kloster Weißenohe kam nicht nur Bier, sondern auch der Impuls für den Kirschenanbau in Franken. Ein ganzes Jahrtausend ist auf diese Weise ins Land gegangen und hat so interessante Gewächse hervorgebracht wie Großrote, Hedelfinger oder Schneiders Späte.

Die Kirschblüte ist ein Augenschmaus, auf den nicht nur Japaner versessen sind. Wenn es soweit ist, wimmelt es nur so von Ausflüglern im weißen Blütenmeer am Walberla oder an den Hängen rund um Kalchreuth. Das Kirschendorf ist nicht nur im April ein Hingucker, sondern ganzjährig Naherholungsziel mit dem Himmel-und-Hetzles-Panorama auf der einen und dem Moritzberg-bis-Zirndorfer-Veste-Blick auf der anderen Seite des Höhenzugs.

Zur Erntezeit im Juni / Juli sind die Zufahrtsstraßen in den Anbaugebieten gesäumt von mehr oder weniger wild parkenden Autos. Manche Leute wollen aber gar nichts kaufen, sondern greifen ganz frech in die Bäume und bedienen sich selbst. Das schadet der Moral und den Kirschgartenbesitzern, kostet es doch viel Mühe, den Baumbestand so zu pflegen, dass die Qualität der Früchte gesichert ist.

Das profimäßige Pflücken ist auch nicht von Pappe. Wenn die Kirschen reif sind, müssen die Bauern alles andere liegen lassen. Sie stehen dann mit der ganzen Familie wochenlang auf den Leitern und zupfen und zupfen die Kirschen – gefühlt sind es Abermillionen – sauber mit ganzem Stiel. Erst wenn alle Bäume leer sind, dürfen sich die dunkelroten Finger langsam entfärben, die strapazierten Hände wieder ruhen.

Den ganzen Kirschensegen haben wir Lucius Licinius Lucullus zu verdanken. Vom Feldzug in Kleinasien führte er die roten Früchte heim nach Rom. Das war 74 v. Chr. und das heutige Giresun in der Türkei hieß damals noch Kerasos und gab dem Obst seinen Namen. Wegen einer Kirsche war der Feldherr und Konsul sicher nicht ins Gefecht gezogen, doch für seine Schlachten am Buffet war er berühmt und steht heute noch für opulente Gelage.

Wie üppig unsere eigene Partie auch ausfällt – genussreich ist jedenfalls jeder Beitrag aus der Familie der Rosengewächse zur Abrundung eines lukullischen Karpfenmahls.

Jutta Untheim

Kirschen sind toll, und das in allen nur möglichen Varianten: frisch gepflückt vom Baum, in Kirschenmännle gebacken, zu Marmelade gekocht und im Glas eingemacht; als Kuchenbelag, als Dessert und in flüssiger Form als Saft, Secco oder Schnaps. Für jeden Einsatzzweck hat man das Obst aus der Familie der Rosengewächse kultiviert.

Amarena-Kirsch-Konfitüre

FÜR ETWA 4 GLÄSER:
800 g Kirschen
200 ml Amaretto
500 g Gelierzucker 2:1
1 Päckchen Vanillezucker
1 Schuss Bittermandelöl
1 Schuss Vanillearoma

Nach dem Waschen und Entstielen die Kirschen entsteinen und pürieren.
Das Fruchtpüree zusammen mit dem Amaretto, dem Gelier- und dem Vanillezucker in einen Topf geben. Das Bittermandelöl und das Vanillearoma hineintropfen. Das Ganze 5 Minuten unter Umrühren kochen lassen.
Zuletzt die Konfitüre in heiß ausgespülte und ausgetropfte Schraubgläser füllen und sofort verschließen.

Tipp: *Die Konfitüre ist mindestens zwei Jahre haltbar.*

Kirsch-Bananen-Marmelade

Die Kirschen waschen, entstielen und entsteinen. Dann die Bananen schälen und klein schneiden. Das Obst pürieren.

Den Zitronensaft, den Gelierzucker, die Gewürze und das Kirschwasser unter das Fruchtpüree rühren. Diese Mischung 5 Minuten kochen lassen.

Die Marmelade in heiß ausgespülte und abgetropfte Schraubgläser füllen und sofort verschließen.

FÜR 8 GLÄSER:

1 kg Kirschen
1 kg Bananen
Zitronensaft
1 kg Gelierzucker 2:1
½ TL Zimt
Nelken, gemahlen
4 EL Kirschwasser

Tipp:
Die Marmelade hält sich zwei Jahre.

Kirschchutney

FÜR 4 GLÄSER:
600 g Kirschen
1 Stück Ingwer (etwa 2 cm)
1 rote Zwiebel
1 kleine Chilischote
85 g brauner Zucker
Butter
2 EL weißer Zucker
80 ml Essig
Salz
2 TL schwarzer Pfeffer
1 EL Balsamicoessig

Die gewaschenen Kirschen entstielen, entsteinen und dann vierteln. Nach dem Schälen den Ingwer fein reiben und die Zwiebel fein würfeln. Nun die Chilischote waschen, den Stiel entfernen und längs aufschneiden. Die Samen entfernen und das Fruchtfleisch fein schneiden.
Die Kirschen mit dem braunen Zucker und dem Ingwer gut vermischen. Das Ganze 1 Stunde durchziehen lassen.
Die Zwiebelwürfel und die Chili in Butter glasig andünsten. Mit dem weißen Zucker karamellisieren. Die marinierten Kirschen dazugeben und mit dem Essig ablöschen. Bei 100 °C 1 Stunde köcheln lassen; dabei öfters umrühren.
Nun die Kirschmischung pürieren und einkochen lassen. Mit Salz, Pfeffer und dem Balsamicoessig abschmecken. Zuletzt kochend heiß in heiß ausgespülte und abgetropfte Schraubgläser füllen und sofort verschließen.

Tipp: *Das Chutney ist ein Jahr haltbar. Es passt gut zu Gegrilltem oder einfach zur Brotzeit.*

Dinkel-Kirschschnitten mit Glühwein

FÜR 1 BACKBLECH:

Für den Teig:
4 Eier
250 g Zucker
100 g Zartbitterschokolade, gerieben
1 TL Zimt
1 EL Kakaopulver
300 g Dinkelvollkornmehl
1 Päckchen Backpulver
200 ml Rapsöl
200 ml Glühwein
Fett für das Backblech

Für die Füllung:
2 Gläser Kirschen (à 350 g)
3 EL Zucker
350 ml Glühwein
3 Päckchen roter Tortenguss

Für den Belag:
400 ml Sahne
2 Päckchen Sahnesteif
2 EL Vanillezucker
200 g Schmand
Schokostreusel

Für den Teig die Eier mit dem Zucker dick cremig schlagen. Die Schokolade, den Zimt, das Kakaopulver, das Mehl und das Backpulver daruntermischen. Dann die Masse mit dem Öl und dem Glühwein auf niedrigster Stufe des Rührgeräts vorsichtig unterheben.
Den Backofen 10 Minuten auf 200 °C (Umluft 180 °C) vorheizen. In der Zwischenzeit den Teig auf ein gefettetes Backblech mit Backrahmen streichen. Anschließend im vorgeheizten Backofen 35 Minuten backen und anschließend abkühlen lassen.
Für die Füllung die Kirschen abtropfen lassen und dabei den Saft auffangen. Aus 400 ml Kirschsaft, dem Zucker, dem Glühwein und dem Tortenguss einen Guss anrühren. Nun die Kirschen unterheben und die Masse auf dem erkalteten Kuchen verteilen. Den Guss fest werden lassen.
In der Zwischenzeit die Sahne mit dem Sahnesteif und dem Vanillezucker steif schlagen. Danach den Schmand einrühren. Zuletzt die Masse auf die Kirschfüllung streichen und mit Schokostreuseln bestreuen.

Tipp: *Der Kuchen lässt sich außerhalb der Adventszeit auch gut mit mehr Kirschsaft oder Rotwein zubereiten.*

Kirschkuchen mit Butterstreuseln

FÜR 1 BACKBLECH:

Für den Teig:
400 g Mehl
100 g Zucker
180 g Butter
2 Eier
Backpapier

Für den Belag:
2 Gläser Kirschen (à 350 g)
oder 750 g frische Kirschen
700 ml Milch
2 Päckchen Vanillepuddingpulver
4 EL + 200 g Zucker
750 g Quark (20 %)
2 EL Vanillezucker

Für die Streusel:
150 g Butter
200 g Mehl
120 g Zucker

Die frischen Kirschen waschen, entstielen und entsteinen bzw. die eingelegten abtropfen lassen.
Für den Mürbeteig das Mehl, den Zucker, die Butter und die Eier verrühren. Den Teig dann auf ein mit Backpapier ausgelegtes Backblech ausrollen und kühl stellen.
Inzwischen einen Pudding aus der Milch, dem Puddingpulver und 4 EL Zucker zubereiten. Etwas abkühlen lassen.
Für die Streusel die Butter schmelzen. Mit den Knethaken des Handrührgeräts zusammen mit dem Mehl und dem Zucker verkneten. Ebenfalls kühl stellen.
In der Zwischenzeit für den Belag den Quark mit 200 g Zucker und dem Vanillezucker mischen, daraufhin den abgekühlten Pudding unterheben.
Den Backofen 10 Minuten auf 180 °C (Umluft 160 °C) vorheizen. In der Zwischenzeit die Quark-Pudding-Masse auf den Mürbeteig streichen und diesen mit den Kirschen belegen. Den Streuselteig auf den Kirschen verteilen. Den Kuchen nun im vorgeheizten Backofen 45–55 Minuten backen.

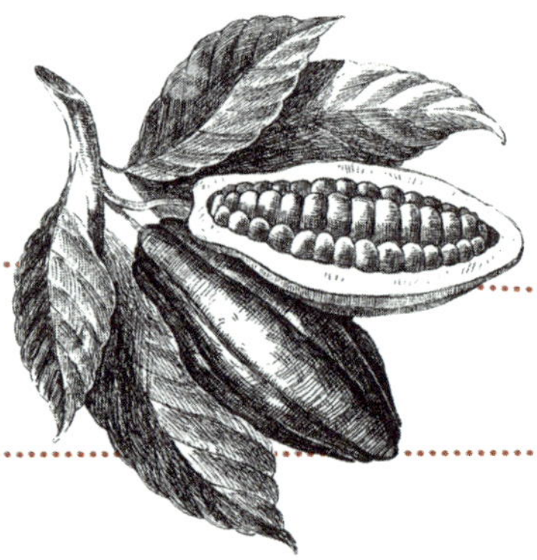

Gebackene Donauwelle

FÜR 1 BACKBLECH:

Für den Teig:
100 g Zartbitterschokolade
2 Gläser Kirschen (à 350 g) oder etwa 750 g frische Kirschen
300 g Butter
200 g Zucker
1 EL Vanillezucker
5 Eier
380 g Mehl
1 Päckchen Backpulver
50 ml Milch oder Eierlikör
Backpapier

Für den Belag:
500 g Mascarpone
400 g Schmand
4 Eier
150 g Zucker
2 Päckchen Vanillepuddingpulver

Für den Guss:
300 g Zartbitterkuvertüre
100 g Vollmilchkuchenglasur

Die Schokolade in Stücke brechen, schmelzen und leicht abkühlen lassen.
Die frischen Kirschen waschen, entstielen und entsteinen bzw. die eingelegten abtropfen lassen.
Für den Rührteig die Butter mit dem Zucker und dem Vanillezucker schaumig rühren. Die Eier nach und nach zugeben. Das Mehl mit dem Backpulver mischen und mit der Milch bzw. dem Eierlikör auf mittlerer Stufe des Rührgeräts unterrühren. Knapp □ der Masse auf ein tiefes, mit Backpapier ausgelegtes Backblech streichen. In den restlichen Rührteig die geschmolzene Schokolade rühren.
Nun den Backofen 10 Minuten auf 180 °C (Umluft 160 °C) vorheizen. In der Zwischenzeit den dunklen Teig gleichmäßig auf dem hellen verteilen. Mit den Kirschen belegen. Danach im vorgeheizten Backofen 10 Minuten vorbacken.
Für den Belag den Mascarpone, den Schmand, die Eier, den Zucker und das Puddingpulver miteinander verrühren. Anschließend die Masse auf die Kirschen streichen. Den Kuchen nochmals bei 180 °C (Umluft 160 °C) etwa 45 Minuten backen.
Zuletzt die in Stücke gebrochene Kuvertüre und die Kuchenglasur miteinander schmelzen. Den abgekühlten Kuchen damit bestreichen.

Rahm-Kirsch-Krümelkuchen

FÜR ETWA 12 STÜCKE:
700 g Kirschen
300 g Mehl
1 TL Backpulver
200 g + 3 EL Zucker
1 Päckchen Vanillezucker
1 Prise Salz
200 g weiche Butter
Fett für die Backform
250 g Schmand
4 Eier
1 Päckchen Vanille-
puddingpulver

Die gewaschenen Kirschen entstielen und entsteinen.
Für den Teig das Mehl mit dem Backpulver und 200 g Zucker vermischen. Dann den Vanillezucker, das Salz und die Butter hinzufügen und gut vermischen. Die Hälfte des Streuselteigs als Boden in eine eingefettete Form drücken und mit den Kirschen belegen.
Im Anschluss den Schmand, die Eier, 3 EL Zucker und das Puddingpulver verrühren. Die Masse über die Kirschen gießen und danach den übrigen Streuselteig darauf verteilen. Zuletzt den Kuchen im Backofen bei 190 °C (Umluft 170 °C) etwa 70 Minuten backen.

Kirschkrapfen

Die Kirschen waschen, entstielen und entsteinen.
Die Butter, 50 g Zucker, den Vanillinzucker, den Zimt, das Salz und die Zitronenschale schaumig rühren. Die Eier trennen. Das Eigelb unter die Masse heben. Das mit dem Backpulver vermischte Mehl abwechselnd mit der Milch und dem Kirschwasser unterrühren. Das steif geschlagene Eiweiß unterheben, ebenso die Kirschen.
Das Butterschmalz in einem Topf auf 160 °C erhitzen. Mit einem Esslöffel den Teig abstechen und ins Fett gleiten lassen. Den Krapfen in 8 Minuten knusprig braun backen. Mit einem Schaumlöffel herausnehmen, abtropfen lassen und warm stellen, bis alle gebacken sind. Mit 75 g Zucker bestreuen und sofort servieren.

FÜR ETWA 22 STÜCK:
250 g Süßkirschen
75 g Butter
125 g Zucker
1 Päckchen Vanillinzucker
½ TL Zimt
1 Prise Salz
abgeriebene Schale von
1 Biozitrone
2 Eier
2 gestrichene TL Backpulver
250 g Mehl
etwa 125 ml Milch
1 Glas Kirschwasser (à 2 cl)
750 g Butterschmalz

Tipp:
Als Dessert reichen Sie die Krapfen am besten mit Vanillesoße oder leicht gebundenem Kirschsaft.

Kirschschnitzel nach Amsterdamer Art

FÜR 4 PERSONEN:
250 g Sauerkirschen, frisch oder eingelegt
1 Bund Petersilie
4 Kalbsschnitzel (à 150 g)
Küchenpapier
Salz
weißer Pfeffer
40 g Margarine
2 EL Mehl
125 ml Rotwein
125 ml Sahne

Die frischen Kirschen waschen, entstielen und entsteinen bzw. die eingelegten abtropfen lassen. Nach dem Waschen die Blätter der Petersilie abzupfen und hacken. Die Kalbsschnitzel mit Küchenpapier abtupfen, dann salzen und pfeffern. Die Margarine in einer Pfanne erhitzen. Das Fleisch hineingeben, von jeder Seite erst 30 Sekunden anbraten und dann pro Seite noch 3 Minuten. Die Schnitzel aus der Pfanne nehmen und warm stellen. Das Mehl in den Bratfond geben. Mit dem Rotwein sowie der Sahne ablöschen und die Kirschen dazugeben. Die Soße salzen und pfeffern. Anschließend die Schnitzel noch einmal darin erhitzen. Auf einer vorgewärmten Platte mit der Soße und der Petersilie anrichten.

Tipp:
Dazu schmeckt Butterreis.

Kirschen mit gratiniertem Ziegenkäse

Den Essig und den Sherry erhitzen. Sobald die Mischung zu kochen beginnt, vom Herd nehmen und abkühlen lassen. Von der Soße eine kleine Menge zum Garnieren abschöpfen.
In der Zwischenzeit die Kirschen waschen, entstielen, entsteinen und halbieren. Die Erdbeeren waschen, putzen und halbieren. Von den Früchten jeweils ein paar zum Garnieren beiseitelegen.
Die Tomaten kreuzweise einritzen und mit kochendem Wasser überbrühen. Nach dem Abkühlen häuten, entkernen und ungefähr auf die Größe der Kirschen und Erdbeeren zuschneiden. Die Früchte und die Tomaten in eine Schüssel geben. Mit etwas Olivenöl, der Essig-Sherry-Soße und etwas Salz würzen.
Den Backofen auf 220 °C (Umluft 200 °C) vorheizen. Derweil die Kirschen, die Erdbeeren und die Tomaten in Crème-brulée-Formen oder in eine Auflaufform geben. Dann mit den Käsescheiben belegen.
Schließlich die Form(en) zum Gratinieren 5–8 Minuten in den vorgeheizten Backofen geben, bis der Käse angebräunt ist. Mit einigen Tropfen Olivenöl beträufeln, mit den beiseitegelegten Früchten und der abgeschöpften Essig-Sherry-Soße garnieren.

FÜR 4 PERSONEN:
100 ml Balsamicoessig
100 ml süßer Sherry
200 g Kirschen
200 g Erdbeeren
200 g Tomaten
Wasser
Olivenöl, kalt gepresst
Meersalz
400 g Ziegenkäse, möglichst in Scheibenform

Kirschenmännla

FÜR 8–10 PERSONEN:
750 g Kirschen
150 g Zucker
3 Eier
½ TL Zimt
1 Msp. Nelken
1 Msp. Kardamom
50 g Butter + Butter für die Form
1 Weißbrot (oder 5 Semmeln)
600 ml Milch
500 g Schwarzbrot
Wasser

Nach dem Waschen die Kirschen entstielen und entsteinen.
Aus dem Zucker, den Eiern, den Gewürzen und der Butter eine Schaummasse herstellen.
Das Weißbrot in warmer Milch, das Schwarzbrot in kaltem Wasser einweichen. Zusammen mit den Kirschen unter die Schaummasse heben und gut verrühren. Den Backofen auf 200 °C (Umluft 180 °C) vorheizen.
Schließlich den Teig in eine gebutterte Auflaufform geben und im vorgeheizten Backofen unbedeckt etwa 40 Minuten backen.

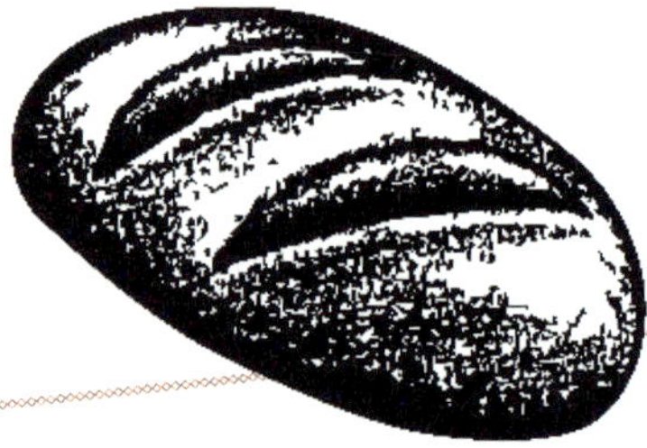

Kirschenmännle mit Semmeln

Das Brot in Wasser einweichen. Die in dünne Scheiben geschnittenen Semmeln mit heißer Milch übergießen und zugedeckt etwas ziehen lassen.
In der Zwischenzeit die gewaschenen Kirschen entstielen sowie entsteinen.
Anschließend das Brot fest ausdrücken, zu der Semmel-Milch-Mischung geben und verrühren. Die Eier, die zerlaufene Butter, den Zucker, den Vanillezucker und eventuell den Zimt ebenfalls hinzufügen. Nun die Kirschen unterheben und das Ganze gut verrühren.
Die Masse in eine gefettete Auflaufform geben und im Backofen bei 220 °C (Umluft 200 °C) 1–1½ Stunden backen.

FÜR 8–10 PERSONEN:
500 g dunkles Brot
Wasser
5 Semmeln
etwa 600 ml Milch
etwa 1,5 kg Kirschen
5 Eier
100 g Butter
150 g Zucker
2 Päckchen Vanillezucker
Zimt nach Belieben
Fett für die Form

Kirschenmichel

FÜR 4–6 PERSONEN:
mind. 500 g Süßkirschen
60 g Butter
125 g Zucker
2 Eier
1 Päckchen Vanillinzucker
etwas Bittermandelöl
150 g Grieß
125 g Weizenmehl
½ Päckchen Backpulver
250 ml Milch
Fett für die Form
Puderzucker nach Belieben

Zunächst die Kirschen waschen, entstielen und entsteinen.
Für den Teig die Butter, den Zucker, die Eier, den Vanillinzucker und das Bittermandelöl schaumig rühren. Danach den Grieß hinzugeben. Nun abwechselnd das Mehl, das Backpulver und die Milch einrühren. Schließlich noch die Kirschen unterheben.
Eine Auflaufform gut ausfetten und mit der Masse füllen. Im Backofen bei 220 °C (Umluft 200 °C) etwa 1 Stunde backen. Dann den Kirschenmichel eventuell mit Puderzucker bestäuben.

Tipp:
Dazu passt eine Vanillesoße sehr gut.

Quark-Kirschenmichel

Nach dem Waschen die Stiele und Steine der Kirschen entfernen.
Die Eier trennen. Das Eigelb, die Butter und den Zucker schaumig rühren. Nach und nach den Quark, zuletzt das mit dem Grieß vermischte Backpulver zugeben. Die Kirschen und den Zitronensaft unterrühren. Das Eiweiß zu Schnee schlagen und unter die Quarkmasse heben.
Die Masse in eine gefettete Auflaufform füllen und im Backofen bei 200 °C (Umluft 180 °C) 50 Minuten goldgelb backen.

FÜR 8–10 PERSONEN:
500 g Kirschen
4 Eier
50 g Butter
50 g Zucker
500 g Quark
100 g Grieß
½ Päckchen Backpulver
Saft von 1 Zitrone
Fett für die Form

Kirschauflauf

Die Kirschen waschen, entstielen und entsteinen.
Eine Auflaufform mit Butter einfetten und mit den Mandeln ausstreuen. Die Kirschen hineingeben.
Den Backofen 10 Minuten auf 180 °C (Umluft 160 °C) vorheizen. Das Mehl, die Eier und den Zucker gut verrühren. Außerdem die Sahne und den Vanillezucker unterheben. Zuletzt die Masse über die Kirschen gießen.
Den Auflauf im vorgeheizten Backofen 20–30 Minuten backen.

FÜR 8–10 PERSONEN:
500 g Kirschen
Butter für die Form
1 EL gemahlene Mandeln
50 g Mehl
4 Eier
60 g Zucker
40 ml Sahne
1 Päckchen Vanillezucker

Kirschknödel

FÜR ETWA 12 KNÖDEL:
etwa 500 g Kirschen
500 g Pellkartoffeln, vom Vortag
75 g Grieß
75 g Kartoffelmehl
2 Eier
1 Prise Salz + Salz für Salzwasser
1 Prise Muskatnuss, gerieben
2 EL Semmelbrösel
50 g Butter
Zimt
Zucker

Nach dem Waschen die Stiele und die Steine der Kirschen entfernen.
Die geschälten Kartoffeln reiben. Mit dem Grieß, dem Kartoffelmehl, den Eiern, dem Salz und dem Muskat zu einem glatten Teig verkneten. Diesen zu einer Rolle formen und dicke Scheiben abschneiden.
Jede Scheibe etwas platt drücken und mit 2–3 Kirschen belegen. Daraus einen Knödel formen und mit den anderen im siedenden Salzwasser etwa 25 Minuten ziehen lassen. In der Zwischenzeit die Semmelbrösel in der Butter kurz anrösten.
Nach der Garzeit die Knödel abtropfen lassen, mit den Semmelbröseln und mit Zimtzucker bestreuen.

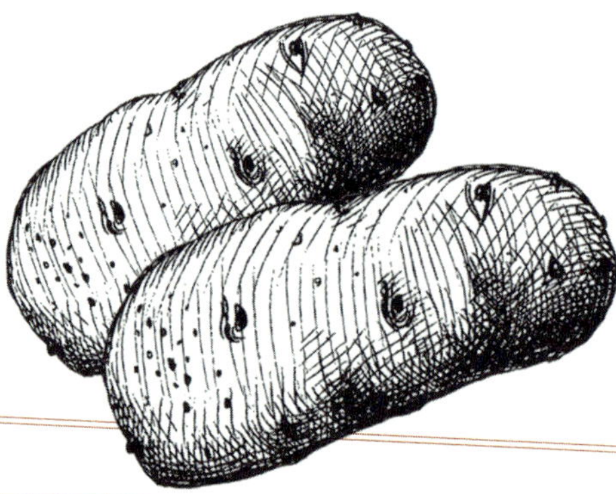

Saftiger Kirschstrudel

50 g Butter schmelzen. Zusammen mit dem Mehl, dem Wasser und dem Salz mit dem Knethaken des Handrührgeräts vermischen. Dann den Teig mit den Händen durchkneten und so lange auf die Tischplatte schlagen, bis er geschmeidig ist. Nun zu einer Kugel formen und mit dem Öl einstreichen. Eine Metallschüssel mit heißem Wasser ausspülen und über den Teig stülpen. Etwa 1 Stunde ruhen lassen.
Die frischen Kirschen waschen, entstielen und entsteinen bzw. die eingelegten abtropfen lassen.
Nach der Ruhezeit den Teig auf einem bemehlten Geschirrtuch sehr dünn ausrollen. Mit den Händen unter den Teig gehen und ihn vorsichtig über die Handrücken so dünn ausziehen, bis man die Tuchstruktur erkennen kann. 75 g Butter schmelzen und den Teig mit etwa □ davon bestreichen. Dann die gemahlenen Mandeln und die Mandelblättchen darüberstreuen, die Kirschen darauf verteilen und mit dem Zucker bestreuen.
Den Backofen auf 225 °C (Umluft 200 °C) vorheizen. Die Teigkanten einschlagen. Den Strudel von der schmalen Seite her mithilfe des Tuchs aufrollen und auf ein mit Backpapier ausgelegtes Backblech legen. Mit der restlichen Butter bestreichen.
Den Strudel im vorgeheizten Backofen 35–40 Minuten backen. Etwas abkühlen lassen und nach Belieben mit Puderzucker bestäuben.

Tipp: *Dazu schmeckt Schlagsahne.*

FÜR 1 BLECH (FÜR ETWA 10 PERSONEN):

125 g Butter
250 g Mehl + Mehl zum Ausrollen
125 ml lauwarmes Wasser
1 Prise Salz
1 TL Öl
750 g Kirschen, eingelegt oder frisch
50 g gemahlene Mandeln
50 g Mandelblättchen
100 g Zucker
Backpapier
Puderzucker nach Belieben

Kirschsorbet

FÜR 4 LONGDRINKGLÄSER:
250 g Sauerkirschen
4 TL Kirschsirup
3 EL Puderzucker
1 EL Zitronensaft
2 Eiweiß
3 Glas Kirschwasser (à 2 cl)
600 ml Sekt

Nach dem Waschen 4 Kirschpaare zum Garnieren zurücklassen. Den Rest entstielen und entsteinen.
Die Kirschen mit dem Kirschsirup, dem Puderzucker, dem Zitronensaft und dem Eiweiß in einem Mixer aufschäumen lassen. Dann das Kirschwasser zugeben. Die Flüssigkeit in eine flache Schale gießen und im Gefrierfach etwa 1 Stunde anfrieren lassen.
Schließlich das Sorbet auf vier Longdrinkgläser verteilen und mit dem Sekt auffüllen. Je ein Kirschpaar an den Rand hängen und mit Strohhalm servieren.

Kirsch-Joghurt-Getränk

FÜR 4 GLÄSER:
200 g Kirschen
300 g Naturjoghurt
2 EL Honig
2 Schuss Milch

Nach dem Waschen die Kirschen entstielen und entsteinen.
Die Früchte mit dem Joghurt in einen Rührbecher geben. Den Honig und die Milch hinzufügen. Das Ganze pürieren und dann in Gläser füllen.

Kirsch-Sahne-Likör

Den Kirschsaft und den Rum in einen Rührbecher gießen. Außerdem den Sirup, die Sahne und den Vanillezucker dazugeben. Alles gut verrühren und schließlich in Gläser füllen.

***Tipp:** Der Likör kann sofort getrunken werden. Er hält sich mindestens ein Jahr.*

FÜR 2 LITER:

250 ml Kirschsaft
250 ml Rum
500 ml Kirschsirup
800 ml Sahne
6 Päckchen Vanillezucker

Amarena-Kirsch-Sirup

Den Kirschsaft, den Amaretto und den Zucker in einen großen Topf geben. Etwa 15 Minuten unter Umrühren sprudelnd kochen lassen, bis die Flüssigkeit sichtbar eingedickt ist.
Dann den Sirup abkühlen lassen und in die heiß ausgespülten und abgetropften Flaschen füllen.

FÜR 2 FLASCHEN (À 700 ML):

1 l Kirschsaft
150 ml Amaretto
500 g Zucker

Tipp:
Der Sirup ist ein Jahr haltbar.

Schwarzwälder-Kirsch-Dessert

FÜR 4 PERSONEN:
300 g Schokobiskuit
70 g weiße Schokolade
180 ml Sahne
150 g Mascarpone
1 Päckchen Vanillezucker
50 ml Sauerrahm
30 g Honig
100 ml Kirschsaft aus dem Glas
60 g Zucker
2 cl Rum
300 g Kirschen aus dem Glas

Den Schokobiskuit in 2 cm große Würfel schneiden. Die in Stücke gebrochene weiße Schokolade in 30 ml erhitzter Sahne schmelzen und in den Mascarpone rühren. Den Vanillezucker, den Sauerrahm sowie den Honig dazugeben und gut verrühren. Die restliche Sahne steif schlagen und unterheben.
Den Kirschsaft und den Zucker dicklich einkochen. Sowohl den Rum als auch die Kirschen zugeben. Anschließend abkühlen lassen.
Zuletzt abwechselnd die Biskuitwürfel, die Kirschen und die Creme in Gläser schichten und diese bis zum Verzehr kalt stellen.

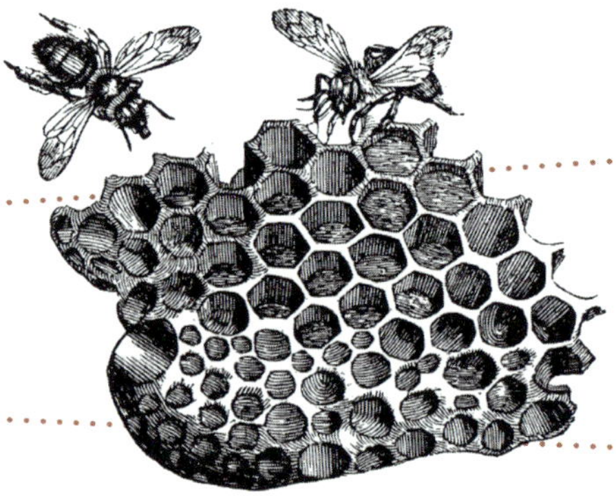

Kirsch-Pannacotta

Die Gelatine in kaltem Wasser einweichen.
Alle gewaschenen Kirschen bis auf 4 entstielen und entsteinen. Diese 4 Kirschen zur Seite legen. Die restlichen Früchte mit dem Wasser, dem Zitronensaft und dem Puderzucker weich kochen. Anschließend gut pürieren und den Sauerrahm unterrühren. Das Ganze aufkochen lassen und danach den Topf von der Kochplatte ziehen. Die eingeweichte Gelatine ausdrücken, auflösen und unter die Kirsch-Sauerrahm-Mischung rühren.
Die Pannacotta in Dessertgläser füllen, mit je einer Kirsche verzieren und bis zum Verzehr kalt stellen.

FÜR 4 PERSONEN:
400 g Kirschen
3 EL Wasser
1 EL Zitronensaft
4½ EL Puderzucker
250 ml Sauerrahm
6 Blatt Gelatine

Menüvorschläge

FÜR 4 PERSONEN

Klassisches fränkisches Menü

Meerrettich-Creme-Suppe
mit Rindfleisch (s. S. 114)
Gebackener Karpfen nach fränkischer Art
mit Kartoffelsalat (s. S. 31)
Eisberg-Fenchel-Salat (s. S. 89)
Kirschenmännla (s. S. 138)

FÜR 2 PERSONEN

Diner für 2 Personen

Blütensirup (s. S. 95)
Mousse aus Räucherkarpfen auf buntem
Herbstsalat (s. S. 30)
Kirschsorbet (s. S. 144)
Karpfen nach indischer Art (s. S. 66)
Wildkräutersalat mit Spargel (s. S. 86)
Pfefferminz-Joghurt-Creme (s. S. 98)

FÜR 4-6 PERSONEN

Fränkisch-exotisches Menü

Blaue Kartoffelsuppe (s. S. 75)
Karpfen nach Stroganoff (s. S. 62)
Apfel-Meerrettich-Salat (s. S. 118)
Schwarzwälder-Kirsch-Dessert (s. S. 146)

FÜR 6-8 PERSONEN

Menü für eine größere Gesellschaft

Rote-Bete-Suppe (s. S. 116)
Karpfenfilet in Kräuterkruste (s. S. 32)
Kräuterkartoffeln (s. S. 82)
Topinambur mit Dickmilch (s. S. 88)
Gebackene Donauwelle (s. S. 133)

FÜR GROSS UND KLEIN

Familienmenü

Kräuterschnecken (s. S. 79)
Kräuterlasagne (s. S. 93)
Roher Weißkrautsalat (s. S. 85)
Kirschenmichel (s. S. 140)

FÜR 12 PERSONEN

Büfett

Karpfensalat (s. S. 28)
Karpfen im Wirsingblatt auf Zitronensoße (s. S. 51)
Karpfen in Apfel-Senf-Soße (s. S. 47)
Kräuter-Kartoffelbaggers (s. S. 82)
Balsamico-Champignons (s. S. 84)
Kartoffelroulade mit Spinat und Karpfen (s. S. 90)
Kräuterwindbeutel mit Sahne-Quark-Füllung (s. S. 80)
Spitzwegerichsalat (s. S. 87)
Kirsch-Pannacotta (s. S. 147)
Kirschkrapfen (s. S. 135)
Kirschkuchen mit Butterstreuseln (s. S. 132)

Rezeptregister

Rezeptregister

M

O

P

Q

R